KARL EDERER

HEIMAT KE FOOD

MEINE REZEPTE

Mit Fotografien von Franz Meiller

LUDWiG

www.heimatfood.com

FSC
Mix
Produktgruppe aus vorbildlich
bewirtschafteten Wäldern und
anderen kontrollierten Herkünften
Zert.-Nr. GFA-COC-001262
www.fsc.org
© 1996 Forest Stewardship Council

Verlagsgruppe Random House FSC-DEU-0100

Das für dieses Buch verwendete FSC-zertifizierte Papier

EOS liefert Salzer Papier, St. Pölten, Austria.

Konzeption: Gaby Miketta

Redaktion: Maryna Zimdars, München

Copyright © 2010 by Ludwig Verlag, München, in der Verlagsgruppe Random House GmbH

http://www.ludwig-verlag.de

Umschlaggestaltung und Layout: Eisele Grafik · Design, München

Umschlagfoto: Foodphotogr. Eising/Stockfood

Innenfotos: Franz Meiller, Foto auf Seite 6/7 von Emil Perauer, S. 59 subjug/iStockphoto,

S. 92 malerapaso/iStockphoto

Satz: EDV-Fotosatz Huber/Verlagsservice G. Pfeifer, Germering

Druck und Bindung: Pustet, Regensburg

Printed in Germany 2010

ISBN: 978-3-453-28020-5

Inhalt

Was ist Heimat-Food?

Meine Heimat ist Sattelbogen, ein Dorf im Bayerischen Wald. Die Gerichte meiner Kindheit sind geprägt von den Zutaten, die der Garten und Hof meiner Eltern uns Kindern geboten haben: Holunderkücherl, Heidelbeerpfannkuchen, Waldpilze mit Eiern und Semmeln, geriebene Karotten, gefüllte Tauben, Zwetschgendatschi, Rehragout. Dieser ganz direkte Geschmack der Natur hat mich und mein Berufsbild geprägt. Er hat mir die Tür in die Welt der Aromen eröffnet, egal ob in der Schweiz, im Burgund, in Paris, immer war die Sehnsucht nach der Küche meiner Mutter Maria ein Leitfaden für meinen Beruf.

Heimat ist der Ort, wo sie einen hereinlassen müssen, wenn man wiederkommt.

Robert Lee Frost (1874–1963), amerikanischer Lyriker

Unsere kulinarische Heimat begleitet uns ein Leben lang. Sie ruft Erinnerungen wach, belebt die Wehmut und lässt uns genießen. Wir wollen ein Stück der Heimat mitnehmen, auch in die Ferne. Umgekehrt erweitert jede Reise auch unseren Geschmack, in der Urlaubserinnerung lebt auch die Tafelfreude. Deshalb bedeutet Heimat-Food nicht nur Schweinebraten, Maultaschen, Grünkohl, Matjes oder Weißwürste, sondern auch Marillen aus der Wachau, Cedri-Zitronen von der Amalfi-Küste oder Pata-Negra-Schinken aus Spanien.

Jedes Produkt hat seine Heimat und seine Geschichte und deshalb das Recht auf seinen eigenen Geschmack. Die ganze Welt ist voller Geschmacks-Heimaten. So mag sich in der Zeit der Globalisierung die gefühlte Heimat verändern, aber den Genuss nehmen wir immer mit, auch wenn sich unser Wohnort verändert. So verstärkt sich die Sehnsucht der

Menschen in der globalisierten Welt nach Heimat, nach Vertrautheit, nach lokalem Markt.

Die meisten Menschen wüssten, werden sie danach gefragt, sofort ihr Lieblingsgericht aus der Kindheit zu benennen. Für Elke Heidenreich ist es die Graupensuppe, für Bernd Schroeder das Zuckerbrot, Dieter Hildebrandt liebt schlesische Mohnklöße, Josef Bierbichler genießt noch heute die Starnberger Seerenke. Diese Erinnerungen mögen im Rückblick vielleicht nicht immer die gaumenfreundlichsten sein, aber sie sind mit tiefen Emotionen verbunden. Elementare Geschmackserlebnisse durchziehen unser ganzes Leben: die ersten Austern in Paris auf der Studentenreise, Nudeln mit Trüffeln im Piemont, das erste Menü mit Weinbegleitung in einem Sterne-Restaurant.

Der gute Koch übernimmt die Verpflichtung für unser globales Heimat-Food. Er verspricht handwerkliches Schaffen in seiner Tradition und ökologische Echtheit der Zutaten. Er muss uns aber auch den Weg in die Moderne weisen. Nehmen wir als Beispiel den Pichelsteiner Eintopf: Dieses niederbayerische Traditionsgericht aus dem 19. Jahrhundert verlangt nach einer modernen Interpretation. Alle Zutaten wurden von der Erfinderin des Eintopfs, der Gastwirtin Auguste Winkler in Grattersdorf in der Nähe von Regen, zusammen gekocht: Rind-, Schweine- und Hammelfleisch wird scharf angebraten, dann kommt Gemüse dazu (gewürfelte Karotten, Lauch in Scheiben, gewürfelte Petersilienwurzel, gestückelte Kartoffeln und in Streifen geschnittener Kohl, oft Wirsing). Alles wird mit Fleischbrühe übergossen und gegart. Je nach Region werden auch noch Knoblauch und/oder Zwiebeln beigefügt. In der modernen Küche erfährt das Gericht eine Dekonstruktion und dann eine Rekonstruktion (siehe Seite 114).

Heimat ist kein Ort,
Heimat ist ein Gefühl

Herbert Grönemeyer

Traditionelle Rezepte haben uns oft Freude gemacht, aber sie müssen im 21. Jahrhundert neu interpretiert werden – genau dies will Heimat-Food. Es geht keinesfalls um eine Rückwende zu alten deutschen Küchenklassikern nach Großmutters Art. Totgekochtes Fleisch mit einer Mehlsauce zu bedecken wäre keine Innovation. Eine leichte, schnörkellose Küche mit einem Heimatgefühl zum Reinbeißen erzeugt dagegen eine moderne kulinarische Identität. Stellen Sie sich ein Willkommens-Essen Ihrer Mutter vor, wenn Sie nach längerer Zeit mal wieder zu Hause in Ihrer Heimat sind, nur dass Sie danach nicht ermattet auf dem Sofa ruhen müssen. Die Zutaten bedeuten Heimat, die Zubereitungsart kehrt zu den Wurzeln der großen Kochkunst zurück. Heimat-Food bedeutet deshalb nicht »einfache Küche«, sondern ist eine reale intelligente Küche. Das bedeutet für mich: Einzukaufen, was die Jahreszeit und die Region uns bieten, und diese Produkte rein, gesund und verträglich zuzubereiten. Die vier Jahreszeiten prägen die Heimat-Food-Küche. Sie gibt uns gesunde Zutaten, weil sie frisch, voller Vitamine und wertvoller Inhaltsstoffe sind. Sie schont die Umwelt, fördert die Region und die Agrarkultur.

Wer lesen kann,
der kann auch kochen.

Prof. Dr. Wolf Bub (Jurist und Feinschmecker)

Heimat-Food ist eine »Haute Hausmannskost«, eben nicht nur eine »Haute Cuisine«. Apfelbalsamessig kann dabei den Balsamico ersetzen, Rote Bete die Tomaten, wenn sie bei uns noch gar nicht reifen und wir trotzdem die italienische Vorspeise »Mozzarella mit Tomaten und Basilikum« zubereiten wollen. Ein Frischkäse aus dem Allgäu mit Roter Bete und Sauerampfer ist die Adaptation für den regionalen Markt. Viele Rezepte in diesem Buch funktionieren sehr gut ohne Sättigungsbeilage – im Gegensatz zur deutschen Tradition mit Fleisch, Kartoffeln und Gemüse –, deshalb ernähren Sie sich mit dieser Heimat-Trennkost gesund.

Noch ein Aspekt ist mir wichtig: Die Präsentation von Heimat-Food verlangt nach Frische, Modernität und Großzügigkeit. Der Kräutersalat wirkt in einem tiefen Pastateller, der Eintopf in einer ovalen Schale, der große

Braten wird am Tisch tranchiert. Es geht auch ohne Suppentasse. Wichtig ist umso mehr die Tischkultur – der großzügige Tisch, Armlehnstühle, weniger Trend-Design bei Besteck wie Porzellan und ein angeregtes Tischgespräch.

Und: Ein gutes Essen ist es wert, mit Genuss verspeist zu werden. Fast Food meint deshalb nicht per se die Nahrungsmittel, die wir darunter heute verstehen, sondern einen Vorgang, der nur wenige Minuten dauert. In den USA folgt auf das Fast Food bereits die gesteigerte Variante des »Dashboard Dining« – das schnelle Essen im Auto, auf dem Parkplatz oder an der Ampel – quasi auf dem Armaturenbrett zubereitet. Fertigsuppen aus dem Trinkbecher und Joghurt aus der Tube.

Heimat-Food braucht dagegen Zeit. Und diese Zeit sollten wir uns für ein gutes Essen nehmen. Dies bedeutet nicht, dass Heimat-Food nicht auch Gerichte für den kleinen Hunger bietet. Das Rezept für Sushi auf neue Art auf Seite 42 beweist es.

Dieses Rezeptbuch verzichtet bewusst auf Foodfotos und Foodstyling. Fotos erzeugen zwar Appetit, aber beim Nachkochen können sie zur großen Hürde werden. Heimat-Food beschäftigt sich deshalb mit dem Inhalt und der Botschaft der Gerichte und nicht mit kulinarischem Ikebana. Meinem Freund Franz Meiller ist es gelungen, in seinen Landschaftsbildern besondere Heimatgefühle mit der Kamera festzuhalten. Wälder, Felder, Bäche und Wiesen schenken uns die Nahrung, die Gerüche und den Geschmack.

Ich drücke mein Gesicht an seine dunkle, warme Rinde und spüre Heimat – und bin so unsäglich dankbar in diesem Augenblick.

Sophie Scholl (1921–43), dt. Widerstandskämpferin

Heimat-Food ist die logische Weiterentwicklung von Biokost und regionalen Speisen. Das Heimat-Menü ist deshalb die gekochte Konsequenz guter Produkte von regionalen Lebensmittelhändlern und einem guten Lebensgefühl. Und deshalb ist Heimat-Food kein Gericht, sondern ein Bekenntnis. Genuss wird sich in den kommenden Jahren weniger an Luxusprodukten, sondern an persönlichem Wohlbefinden und am guten Gewissen orientieren.

Sinnsuche und Wertevermittlung sind nach Jahren der »Höher-Schneller-Weiter-Besser«-Gesellschaft ein neuer Trend. Menschen wollen sinnvoll leben und nicht nur Geld, Häuser und bessere Handys anhäufen. Dieser moderne – auch technisch aufgerüstete – Lebensstil hat nichts mit der Bauernhof-Romantik der 90er Jahre gemein. Dinge müssen das Leben nicht nur schöner und bequemer machen, sondern einen Inhalt bieten, für den sich die Anstrengung lohnt. Nach Finanz- und Wirtschaftskrise rückt ein logisches Bewusstsein für Natur und Gesundheit stärker in den Mittelpunkt. Werte wie Familie, Freunde, soziale Gerechtigkeit sind – dies zeigen viele Umfragen – den Menschen wieder besonders wichtig. Für die Ernährung bedeutet das eine Hinwendung zu Qualität und Tradition, aber mit dem Wissen unserer Zeit. Es könnte eine Bewegung des »Sinn-Essens« werden – eine Genuss-Diät ohne ökologische Schuldgefühle.

Heimat ist,
*   wo das Herz wehtut*

Reinhard P. Gruber (steirischer Schriftsteller)

Diese Trendwende erfasst nun auch die deutsche Spitzen-Gastronomie. In Frankreich, Spanien und Italien oder auch Österreich – um nur einige Beispiele zu nennen – hat man immer schon mit großem Regionalbewusstsein gekocht. Lebensmittel brauchen eine ehrliche Vita, und Gäste fragen nach dem Besonderen. Sie schätzen Produkterlebnisse und gustieren zum Beispiel wieder uralte Hühner-, Schweine- und Rinderrassen. Die Tiere wachsen langsam in Freilandhaltung, ihr Fleisch ist fein mit Fett durchzogen. Dementsprechend schmeckt's. Es sind besondere alte Rassen, die uns kulinarisch begeistern: das Iberico-Schwein, das Manglalitzer Wollschwein oder das Schwäbisch-Hällische. Wir haben es den Biobauern und den schlauen Bauern zu verdanken, dass auch historische Gemüsesorten – verschiedene Tomaten, Gelbe Bete, Stielmus, lila Möhren und lila Kartoffeln – angebaut werden und dadurch wieder verfügbar sind. Es ist der Einkauf auf dem Wochenmarkt, der den Essens-Genuss steigert. Es sind gute Saucen, Fonds, Suppen und der Eintopf, die eine Renaissance erfahren. So findet derzeit eine Rückbesinnung auf Natur und Heimatküche statt. Sie löst eine intensive Phase der zum Teil entnaturalisierten Molekularküche ab, deren Kreationen nur mit viel Labortechnik und physikalischer Küchenraffinesse zu bewerkstelligen sind.

In meinen vier Jahren als Koch bei Eckart Witzigmann lernte ich größten Respekt vor der klassischen Küche, der Aubergine-Küche, der regional bayerisch-österreichischen Küche. Seine Achtung vor dem Lebensmittel ist das Fundament des großen Meisters. Und für seine Schüler eine Botschaft, die durch Europa und weitergetragen wird. Sein Mut und seine visionäre Kraft, bereits in den 80er Jahren regionale Speisen auf 3-Sterne-Niveau zu kochen, hat der deutschen Esskultur einen neuen Glanz verliehen. Vielen Dank.

Karl Ederer im Juni 2010

Meine Art zu kochen

Ich koche konsequent, produktnah und europäisch. Die gekonnte Zubereitung schont und fördert den natürlichen Geschmack der Lebens-Mittel. Meersalz, dezente Gewürze, frische Kräuter der Saison sowie hochwertige Öle und Essige sind die Aromen meiner Küche. Verblüffend ist für mich immer die Freude am Freistil-Kochen. Wenige Köche können täglich ein neues Gericht erfinden, aber es ist eine Herausforderung, traditionelle Gerichte modern zu interpretieren. Intelligent kochen heißt für mich, im Einklang mit den Jahreszeiten einzukaufen, zu kochen und zu essen. Es bedeutet, im Kreislauf der Natur und Region zu leben und die Produkte rein, gesund und verträglich zuzubereiten. Die Nähe zum guten Produkt gehört damit zu den Wurzeln jeder Kochkunst. Die Umsetzung bedarf einiger Grundregeln:

- Das Produkt mit seiner Qualität steht immer im Mittelpunkt.

- Respektieren Sie die Jahreszeiten und experimentieren Sie mit anderen Produkten, wenn Sie eine Zutat nicht frisch bekommen können.

- Beachten Sie die richtigen Temperaturen beim Garen, Kochen, Braten, Schmoren, Dünsten und Backen.

- Überwürzen Sie die Gerichte nicht. Frische Kräuter haben immer Vorrang vor dominanten Gewürzen. Salz bedeutet für mich Meersalz, und es kommt immer frisch aus der Mühle (Keramikmühle), der schwarze Pfeffer ebenfalls. Gute Gewürze gibt es auch im Bio-Handel in kleinen Mengen (kein Aromaverlust!) zu kaufen.

- Verwenden Sie immer gute und hochwertige Öle und Essige. Verzichten Sie auf Industrie-Balsamico.

- Gute Butter schmeckt immer besser, zum Beispiel Salzbutter.

- Nehmen Sie nur guten Wein zum Kochen, dafür weniger. Auch beim Kochen ist zu beachten, was man zum Essen trinkt.

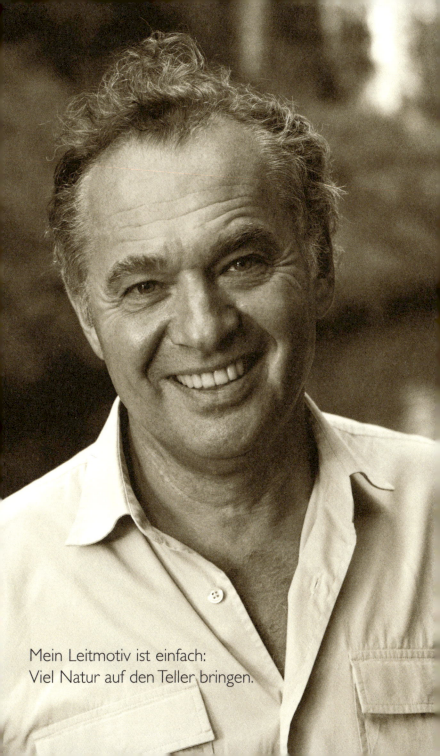

Mein Leitmotiv ist einfach:
Viel Natur auf den Teller bringen.

- Einfachheit und Klarheit mit modernem Kick – das ist ein guter Leitfaden. Richten Sie die Speisen logisch und natürlich nebeneinander an. Lieber kleinere Portionen als völlig überladene Teller.

- Wählen Sie nicht zu viele Zutaten für ein in sich stimmiges Gericht.

- Jedes Produkt hat das Recht auf seinen eigenen Geschmack – so schmeckt es auch am besten.

- Die Bekömmlichkeit ist sehr wichtig: Verzichten Sie am späten Abend auf schwer Verdauliches wie Kohl, Zwiebeln und übermäßig viele Kohlenhydrate.

- Verzichten Sie auf unnötige Kalorien, also wenig Sahne und Butter verwenden – besser Oliven- oder Rapsöl nehmen.

- Zum handwerklich klugen Kochen benötigt man nur wenige elektrische Maschinen. Eine multifunktionale Küchenmaschine, ein großes Schneidebrett, Messer, die bestens in der Hand liegen, eine gute Reibe, hochwertige Töpfe, eine Eisenpfanne, eine Sauteuse – das ist eigentlich schon alles.

- Die Esskultur ist die logische Fortsetzung der Agrarkultur. Unterstützen Sie die Bauern in Ihrer Region, denn diese sind der Garant dafür, dass Sie gesunde, unbelastete Lebensmittel einkaufen können.

- Der Wein und das Essen sollten sich ergänzen. Beachten Sie die typische Traube der Region und genießen Sie die Begegnung mit Winzern und ihrem Charakter. Die gute Weinbegleitung verfeinert das Mahl zu einem großen Genuss. Der deutsche Wein ist so gut wie noch nie!

Fonds und Grundsauce selbst gemacht

Im Rezeptteil verwende ich Fonds oder Brühe und manchmal eine Grundsauce – das alles kommt natürlich nicht aus dem Glas, sondern wird auf Vorrat selbst gemacht.

Gemüsefond

Zutaten:
Zwiebel
Karotte
Lauch
Staudensellerie
Petersilienwurzel
Knoblauch
diverse Kräuter
Öl
Salz, Pfeffer

Das Gemüse schälen bzw. waschen und säubern. Danach in kleine Stücke schneiden.

In wenig Öl anschwitzen, salzen und pfeffern, mit Wasser aufgießen und mit den Kräutern 30 Minuten kochen lassen. Dann durch ein Spitzsieb passieren und das Gemüse gut ausdrücken. Den Fond kann man in Schraubgläser füllen und gut zwei Wochen im Kühlschrank aufbewahren.

Geflügelfond

Zutaten:
Zwiebel
Lauch,
Karotte
Staudensellerie
einige Kräuterstängel
Knochen und Hals oder
Flügel von Geflügel
Salz, Pfeffer
passende Gewürze
(wenn vorhanden)

Das Gemüse schälen, bzw. waschen und säubern, dann in kleine Stücke schneiden.

Die Knochen klein hacken und mit kaltem Wasser aufkochen lassen, dabei zwischendurch den Schaum mit einem Schöpflöffel vorsichtig entfernen. Mit Salz, Pfeffer und Gewürzen würzen, das Gemüse und die Kräuterstängel dazugeben.

Alles langsam 45–60 Minuten köcheln lassen. Der Fond soll klar und fettfrei sein. Wenn der Fond zu stark kocht, wird er trüb.

Fischfond

Zutaten:

Gräten und Fischköpfe
(Karkasse) so frisch wie
möglich (z. B. Zander bei den
Süßwasserfischen, keine lachs-
artigen Fische [Salmoniden];
Steinbutt, Seezunge, Seewolf,
Seeteufel und Doraden bei
den Meeresfischen)

Zwiebel

Lauch

Karotte

Staudensellerie

Fenchelabschnitte

Knoblauch

Petersilienstängel

Öl

etwas Wein

Salz, Pfeffer

Die Fischzutaten gut säubern, Kiemen und Flossen entfernen und anschließend gut wässern.

Das Fondgemüse schälen bzw. waschen und säubern, dann in kleine Stücke schneiden. In wenig Öl anschwitzen, die Gräten und Köpfe dazugeben, mit etwas Wein ablöschen und mit kaltem Wasser auffüllen. Salzen, pfeffern und dezent passende Gewürze dazugeben.

Alles aufkochen lassen, dabei mit einer Schöpfkelle abschäumen und 20–30 Minuten langsam weiterkochen. Anschließend durch ein feines Sieb passieren. Möglichst nur ein paar Tage aufbewahren.

Ein guter Fischfond geliert meistens von selbst!

Rinderbrühe

Zutaten:

Rinderknochen

Fleischabschnitte
(eine gute Fleischqualität
ergibt auch eine aroma-
tische Rinderbrühe)

Salz, Pfeffer

1/2 Zwiebel

Lauch

Karotte

Knollen-
oder Staudensellerie

Öl

Rinderknochen und Fleischabschnitte, die beim Zuschneiden von Fleisch anfallen, in einen Topf geben und gut mit Wasser bedecken, einmal aufkochen lassen, dann mit der Temperatur zurückgehen und langsam weiterkochen lassen. Salzen und pfeffern.

Die Zwiebel schälen. Das Gemüse schälen bzw. waschen und säubern, dann in kleine Stücke schneiden.

Die Zwiebelhälfte mit der Schnittfläche in eine Pfanne mit wenig Öl geben und gut braun anbraten, mit dem Gemüse in die Brühe geben. Diese eine Stunde leicht köcheln lassen. Danach die Brühe vorsichtig durch ein feines Haarsieb passieren.

Dunkle Kalbssauce

Zutaten:

Kalbsknochen, vorzugsweise
von Rücken oder Hals
(Röhrenknochen von Keule
und Schulter sind nicht so
gut geeignet)
Fleischabschnitte
und Fleischzuschnitte
Distelöl
Zwiebel
Lauch
Karotte
Staudensellerie
Tomatenmark
Salz, Pfeffer

In einer guten Restaurantküche ist die Vorbereitung von Grundsaucen sehr wichtig, und zu Hause schmeckt's auch.

Die Knochen klein hacken, man kann dann auch einen Teil einfrieren. Mindestens 1 Kilogramm Knochen oder Abschnitte in eine Bratreine mit wenig Distelöl geben und im Backofen bei 180–200°C in 30 Minuten schön braun rösten.

Inzwischen das Gemüse schälen bzw. waschen und säubern, dann in gleich große Stücke schneiden, dazugeben und mitgaren. Das Wichtige dabei ist, alle 5 Minuten mit einem Kochlöffel umrühren. Vorsicht, der Lauch verbrennt schnell.

Nach 15 Minuten einen Löffel Tomatenmark dazugeben, salzen, pfeffern und gut verrühren.

Nach weiteren 15 Minuten zum ersten Mal 500 ml Wasser dazugießen und wieder einkochen lassen, bis nur noch wenig Flüssigkeit im Bräter ist. Dann weitere 500 ml Wasser dazugeben und einkochen lassen.

Nach weiteren 15 Minuten wieder so viel Wasser dazugießen, dass das Bratgut mit Flüssigkeit bedeckt ist, und köcheln lassen.

Die Grundsauce nach insgesamt 2–2 1/2 Stunden Zubereitungszeit durch ein Haarsieb passieren, dann in Gläser mit Schraubdeckel abfüllen oder portionsweise im Eiswürfelbereiter einfrieren.

FRÜHLING

Gekochte Kalbshaxe mit jungem Lauch

Traditionell wird die Haxe gebraten, dazu gibt es Knödel. In Italien schmort man die Ossobuco-Scheiben. Die dritte Variante ist gekochtes Kalbfleisch, das sich sehr angenehm isst.

Zubereitungszeit:
1 Std. 20 Min.

Zutaten für 4 Personen:
1 hintere Kalbshaxe
(1–1,4 kg)
Salz, Pfeffer
1 Bouquet garni
(z. B. je 1 Zwiebel,
Karotte, 1 Stück Lauch
und Knollensellerie)
4 Knoblauchzehen
8 junge Lauchstangen
(ca. 2 cm dick)
16 schwarze Oliven
16 kleine Oreganoblätter
1 kleine gekochte
Kartoffel
1 EL Thunfisch im eigenen
Saft (Dose; den Rest
anderweitig verwenden)
8 EL sehr gutes Olivenöl

Die Kalbshaxe in einen ausreichend großen Topf geben und mit kaltem Wasser bedecken. Das Wasser salzen, pfeffern und aufkochen lassen. Sobald es kocht, den Schaum mit einer Schaumkelle abschöpfen. Das Bouquet garni dazugeben und alles bei kleiner Hitze 30 Min. köcheln lassen. Das Bouquet garni entfernen, den Knoblauch ungeschält dazugeben und weitere 15 Min. köcheln lassen. Inzwischen den Lauch putzen und waschen, im Ganzen zur Kalbshaxe geben und 15 Min. mitkochen lassen, bis das Fleisch sich vom Knochen löst.

Inzwischen die Oliven halbieren, entsteinen und in gleich große Stückchen schneiden. Den Lauch herausnehmen, in mundgerechte Stücke schneiden und warm halten. Den Knoblauch aus dem Sud nehmen und schälen. Die Oreganoblätter fein schneiden.

Die Kartoffel in Stücke schneiden. Mit Thunfisch, 4 Schöpfern Haxenfond, Knoblauch und 6 EL Olivenöl in den Mixer geben und fein mixen. Die Sauce mit Salz und Pfeffer würzen, die Olivenstücke untermischen. Die Sauce lauwarm halten.

Die Kalbshaxe herausnehmen, das Fleisch vom Knochen lösen und mit der Faserung in ca. 1 cm dicke Scheiben schneiden. Die Haxenscheiben in die Mitte der Teller legen, den heißen Lauch drum herumlegen und die dickflüssige Sauce dazugeben. Den Lauch mit dem restlichen Olivenöl beträufeln. Den Oregano darüberstreuen.

Kalbskopf mit Frühlingszwiebeln und Oliven

Bei uns im Süden von Deutschland ist der Kalbskopf wieder sehr begehrt. Ein guter Metzger macht's möglich. Die mediterrane Zubereitung passt in die Jahreszeit.

Den Kalbskopf in einen ausreichend großen Topf geben, mit kaltem Wasser bedecken und salzen. Das Lorbeerblatt, die Pfefferkörner und Petersilienstängel dazugeben. Das Wasser aufkochen lassen, das Fleisch zugedeckt bei kleiner Hitze in 45–60 Min. weich garen, dabei den Schaum immer wieder mit einer Schaumkelle abschöpfen. Den Kalbskopf herausnehmen, die verschiedenen Fleischteile in ca. 1 cm große Würfel schneiden und mischen. Eine kleine Kastenform mit Frischhaltefolie auslegen und die Fleischstücke in die Form geben, mit Salz und Pfeffer würzen.

Die Hälfte der Kochflüssigkeit offen bei mittlerer Hitze auf 60 ml einkochen lassen und in die Form geben. Die Form 2–3 Std. in den Kühlschrank stellen, bis das Fleischgemisch fest ist. Inzwischen die Frühlingszwiebeln putzen, waschen und längs halbieren. Das Olivenöl in einer Sauteuse erwärmen, die Frühlingszwie-

Zubereitungszeit:
1 Std. 30 Min.
Kühlzeit: 2–3 Std.

Zutaten für 4 Personen:
1/2 Kalbskopf-Maske
(geputzt, ohne Haare)
Salz, 1 Lorbeerblatt
3–5 schwarze Pfefferkörner
3–4 Stängel Petersilie
Pfeffer aus der Mühle
8 Frühlingszwiebeln
2 EL Olivenöl
2 EL Rotweinessig
4 EL Weißwein
4 EL Tomatensaft
1 Bund Rucola
12 schwarze Oliven ohne Stein

beln darin kurz anschwitzen, dann salzen und pfeffern. Ca. 60 ml Wasser dazugießen, aufkochen lassen und die Frühlingszwiebeln 3–4 Min. dünsten. Dann herausnehmen und mit dem Rotweinessig in eine Schüssel geben. Für die Marinade den Weißwein und Tomatensaft in eine Sauteuse gießen und offen bei mittlerer Hitze zur Hälfte einkochen lassen, dann in eine kleine Schüssel gießen.

Den Rucola waschen, verlesen und trocken schleudern. Den Kalbskopf aus der Form stürzen, die Folie entfernen und das Fleisch in ca. 1 cm dicke Scheiben schneiden. Die Scheiben in einer Pfanne oder am besten im Ofen bei 100 °C lauwarm erwärmen. Die Kalbskopfscheiben und die noch lauwarmen Frühlingszwiebel mit Rucola und Oliven dekorativ auf Tellern anrichten, die Marinade mit einem Löffel darübergeben.

Kalbskotelett mit Tomaten und Artischocken

Ein einzelnes Kotelett ist einsam und verbraten. Deshalb immer doppelt zubereiten, und es wird saftig und viel zarter.

Zubereitungszeit:
1 Std. 20 Min.

Die Stielansätze der Tomaten entfernen. Die Tomaten kurz in kochendes Wasser legen, häuten, vierteln, entkernen und würfeln. Dabei die Tomatenkerne und Haut in einen Topf geben und beiseitestellen. Die Frühlingszwiebel putzen, waschen und würfeln. Den Knoblauch schälen und ebenfalls fein würfeln. Die Artischocken entblättern, Boden und Herz herausschneiden, dann den Boden vierteln.

20 g Butter und 2 EL Olivenöl erhitzen, die
Frühlingszwiebel und den Knoblauch darin kurz
anschwitzen. Die Tomatenwürfel dazugeben
und mit Salz und Pfeffer würzen, alles offen bei
schwacher Hitze 20–30 Min. köcheln lassen, bis
die Flüssigkeit verkocht ist.

Den Backofen auf 150 °C vorheizen. 20 g
Butter und 2 EL Olivenöl in einer ofenfesten
Pfanne erhitzen, die Kalbskoteletts darin auf
jeder Seite 3 Min. braten. Die Artischocken
dazugeben, salzen, pfeffern und im Ofen (Mitte)
20 Min. warm halten. Weißwein oder Wasser
zu den Tomatenkernen geben und offen 10 Min.
köcheln lassen, dann die Sauce durch ein Haarsieb passieren.

Inzwischen die Nudeln in Salzwasser nach
Packungsangabe bissfest kochen, dann in ein
Sieb abgießen. Die restliche Butter zerlassen
und die Nudeln darin schwenken, mit Salz
und Pfeffer abschmecken. Die Koteletts herausnehmen. Das Fleisch erst von den Knochen
schneiden, dann schräg in Scheiben schneiden.
Die Kotelettscheiben mit den Tomaten,
Artischocken und den Nudeln auf Tellern
anrichten, die Sauce dazugeben.

Zutaten für 4 Personen:

4 Tomaten

1 Frühlingszwiebel

1 Knoblauchzehe

4 kleine oder 2 große
Artischocken

60 g Butter

4 EL Olivenöl

Salz, Pfeffer

2 Kalbskoteletts
(à ca. 400 g)

100 ml Weißwein

200 g grüne Nudeln

Kaninchenrücken
mit Spargel und Bärlauchsauce

Der Bärlauch, dezent verwendet, verbindet den
zarten Spargel- und den feinen Kaninchengeschmack.

Zubereitungszeit:
1 Std. 15 Min.

Zutaten für 4 Personen:
4 kleine Kaninchenrücken
(à ca. 250 g)
1/2 Zwiebel
50 g Karotte
50 g Lauch
60 ml Rapsöl
32 kurze (ca. 10 cm) oder
16 große (ca. 18–20 cm)
Stangen weißer Spargel
Salz
1 TL frisch gepresster
Zitronensaft
1 Prise Zucker
4 große Bärlauchblätter
40 g Butter
Pfeffer '

Das Fleisch von der Innenseite her aus den
Rückenknochen lösen. Die Knochen in kleine
Stücke hacken. Das Gemüse putzen, schälen
und in kleine Stücke schneiden. 40 ml Rapsöl in
einer Kasserolle erhitzen, die Knochenstücke
darin gleichmäßig 2–3 Min. rösten. Das Gemüse
dazugeben und 10 Min. mitrösten, dabei immer
wieder etwas Wasser angießen, um eine braune
Sauce zu ziehen. Dann knapp 500 ml Wasser
dazugießen und zugedeckt bei kleiner Hitze
30–45 Min. köcheln lassen. Die Sauce durch ein
Sieb passieren und offen bei mittlerer Hitze auf
250 ml einkochen lassen. Den Backofen auf
200 °C (Umluft 180 °C) vorheizen.

Inzwischen den Spargel schälen. Reichlich Salzwasser mit Zitronensaft und Zucker aufkochen
lassen. Den Spargel darin in 6–8 Min. bissfest
garen, dann herausnehmen. Bärlauch waschen,
trocken tupfen und in Streifen schneiden.

Das restliche Rapsöl und 20 g Butter in einer
hitzebeständigen Pfanne erhitzen, das Fleisch
darin auf der Oberseite 1 Min. anbraten, dann
im Ofen (Mitte) in 6–8 Min. garen. Das Fleisch
herausnehmen und auf vorgewärmte Teller
legen. Den Spargel in derselben Pfanne kurz
erwärmen, mit Salz und Pfeffer abschmecken.
Die Spargelstangen wie ein Geflecht auf die
Kaninchenrücken legen.

Die Sauce in die Pfanne geben, kurz kochen lassen und mit Salz abschmecken. Die restliche Butter unterschwenken. Die Hälfte der Bärlauchstreifen untermischen. Die Sauce ebenfalls auf die Teller geben. Den restlichen Bärlauch darüberstreuen. Dazu passen gedämpfte neue Kartoffeln.

Osterlammkrone

Der Lammrücken in dieser Form – das ist die Krönung. Unbedingt am Tisch tranchieren.

Die Kotelettknochen ca. 2 cm frei putzen, den Rücken zu einer Krone formen (dabei das Innere des Kotelettstranges nach außen biegen) und die Enden mit Holzspießchen oder Rouladennadeln fixieren. Die Lammkrone salzen und pfeffern. Die Rückenmittelknochen fein hacken. Die Kartoffeln waschen. Den Spargel vorsichtig brechen und beiseitelegen. Für die Sauce die Zwiebel und den Knoblauch schälen. Den Staudensellerie putzen, die Karotte putzen und schälen. Dann alles klein schneiden. Den Backofen auf 200 °C (Umluft 180 °C) vorheizen.

40 ml Olivenöl in einem runden Bräter erhitzen, die Lammknochen darin ca. 10 Min. anbraten, die Lammkrone dazugeben und im Ofen (oben) 5 Min. braten, dann das Gemüse dazugeben und alles in 3–5 Min. bräunen lassen, bis die Lammkrone rosa gebraten ist. Das Fleisch herausnehmen, mit Folie abdecken und ruhen lassen. Den Saucenansatz nach und nach mit ca. 400 ml Wasser ablöschen und im Backofen in 30 Min. fertig kochen.

Zubereitungszeit:
1 Std. 25 Min.

Zutaten für 4 Personen:
1/2 Lammrücken
(die ganze Länge einer Rückenhälfte ausgelöst kaufen)
Salz, Pfeffer
20 kleine neue Kartoffeln
1 kg grüner Spargel
1 kleine Zwiebel
2 Knoblauchzehen
1 Stange Staudensellerie
1/2 Karotte
100 ml Olivenöl
1 Bund Petersilie
Außerdem:
Holzspießchen oder
Rouladennadeln

40 ml Olivenöl in einer hitzebeständigen Pfanne erhitzen, die Kartoffeln mit Schale dazugeben, salzen und pfeffern und im Ofen (unten) in ca. 15–20 Min. schön kross braten. Die Petersilie waschen und trocken tupfen, die Blätter grob schneiden.

Inzwischen reichlich Salzwasser aufkochen lassen, den Spargel darin je nach Stärke offen in 2–3 Min. garen. Herausnehmen und in Eiswasser abschrecken. Die Sauce durch ein feines Sieb passieren, wenn nötig, nochmals kurz einkochen lassen und mit Salz und Pfeffer abschmecken.

Die Lammkrone wieder in den Bräter setzen, Spargel und 20 ml Olivenöl dazugeben und alles im Ofen in 5–6 Min. erwärmen. Den Bräter herausnehmen, die Kartoffeln in die Kronenmitte geben, mit Petersilie bestreuen und etwas Sauce angießen. Die Lammkrone im Bräter servieren.

Gebackenes Zicklein
mit Spargelsalat und Joghurt-Minze-Sauce

Mit diesem Gericht kommen Frühling und Frische auf den Teller. Die mediterrane Sauce verbindet das gebackene Zicklein mit dem gekochten Spargel.

Den Spargel schälen. Reichlich Salzwasser mit Zucker, 10 g Butter und Zitronensaft in einem Topf aufkochen lassen, den Spargel darin je nach Dicke in 5–6 Min. bissfest garen. Dann herausnehmen und lauwarm abkühlen lassen. Den Kopfsalat putzen, waschen und trocken schleudern. Die Minzeblätter in feine Streifen schneiden. Den Joghurt mit Salz und 1 EL Essig verrühren. Die Minzestreifen unterrühren. Den restlichen Essig mit dem Sonnenblumenöl verrühren. Den lauwarmen Spargel in Drittel schneiden und darin marinieren.

Das Zickleinfleisch gleichmäßig in Stücke schneiden, salzen und pfeffern. Eier verquirlen. Die Fleischstücke erst in Mehl, dann in den Eiern und in den Semmelbröseln wenden.

Das Distelöl und die restliche Butter in einer Pfanne erhitzen, die Fleischstücke darin bei mittlerer Hitze in 7–10 Min. ausbacken. Das Fleisch aus der Pfanne nehmen und auf Küchenpapier abtropfen lassen.

Den Spargel aus der Marinade nehmen. Den Salat mit der Spargelmarinade anmachen und nestförmig auf Teller legen. Die Spargelstücke darauf anrichten. Die gebackenen Zickleinstücke drum herumlegen und mit der Joghurt-Minze-Sauce beträufeln.

Zubereitungszeit:
1 Std.

Zutaten für 4 Personen:
400 g weißer Spargel
(mittlere Stärke)
Salz
1 Prise Zucker
50 g Butter
etwas frisch gepresster
Zitronensaft
1 Kopfsalat
8 Minzeblätter
200 g Naturjoghurt
4 EL weißer Balsamessig
6 EL Sonnenblumenöl
600 g Zickleinkeule
(ausgelöst)
Pfeffer
4 Eier
Mehl
200 g Semmelbrösel
100 ml Distelöl

Zicklein-Zweierlei

....

Zart gebraten, deftig geschmort. Dieser Dialog
bedeutet große Küche. Leider ist dies mit Arbeit
verbunden, deshalb ein Einladungs-Gericht.

Zubereitungszeit:
I Std. 35 Min.

Zutaten für 4 Personen:
I Zickleinschulter
(500–600 g)
Salz, Pfeffer
I Schalotte
I Knoblauchzehe
I kleine Karotte
40 g Lauch
4 EL Rapsöl
60 ml Weißwein
12 Stangen weißer Spargel
(mittlere Stärke)
I Prise Zucker
10 g Butter
etwas frisch gepresster
Zitronensaft
I Zickleinrücken
(I Seite, 300–400 g)
8 kleine Bärlauchblätter

Die Schulter salzen und pfeffern. Schalotte,
Knoblauch und Karotte schälen, dann in kleine
Stücke schneiden. Den Lauch putzen, waschen
und in Scheiben schneiden. 2 EL Rapsöl in
einem Schmortopf erhitzen, die Schulter darin
auf jeder Seite 3–4 Min. anbraten. Schalotte,
Knoblauch und Karotte dazugeben und I–2
Min. mitbraten. Den Lauch dazugeben. 60 ml
Wasser und den Weißwein dazugießen. Das
Fleisch zugedeckt bei kleiner Hitze 45–60 Min.
schmoren lassen, bis sich das Fleisch leicht vom
Knochen lösen lässt. Dabei zwischendurch die
Schulter einmal wenden, das Gemüse
umrühren und, wenn nötig, immer wieder
etwas Wasser nachgießen.

Den Backofen auf 200 °C (Umluft 180 °C) vorheizen. Inzwischen den Spargel schälen. Reichlich Salzwasser mit Zucker, Butter und Zitronensaft in einem Topf aufkochen lassen und den
Spargel darin je nach Dicke in 5–6 Min. bissfest
garen. Dann herausnehmen.

Den Rücken in zwei Teile (Kotelett und Sattel-
stück) schneiden. Das restliche Rapsöl in einer
kleinen Bratreine erhitzen, die Rückenteile
dazugeben, salzen und pfeffern. Dann im Ofen
(Mitte) auf jeder Seite 4 Min. braten, bis der
Rücken leicht rosa ist.

Die Schulter aus der Sauce nehmen und das Fleisch vom Knochen lösen. Die Sauce durch die Flotte Lotte drehen oder durch ein grobes Spitzsieb passieren, erwärmen und mit Salz und Pfeffer abschmecken. Den Bärlauch waschen, trocken tupfen und in feine Streifen schneiden.

Zum Anrichten den Spargel halbieren. Jeweils 3 Spargelenden auf Teller legen und die Spitzen quer darauflegen. Alle Fleischteile in etwa gleich große Stücke schneiden und dekorativ dazulegen. Die Sauce über das Fleisch geben. Mit Bärlauchstreifen bestreuen.

Ausgelöste Wachteln mit Graupen und Brennnesseln

Die Mischung aus Graupen, Linsen und jungen Brennnesseln harmoniert mit dem kräftigen Geschmack der Wachtel.

Zubereitungszeit:
1 Std. 10 Min.

Zutaten für 4 Personen:
6 Wachteln (à ca. 100 g)
1/2 Zwiebel
50 g Karotte
50 g Lauch
2 EL Rapsöl
Salz, Pfeffer
30 g Butter
4 EL Berglinsen
8 EL Graupen (Rollgerste)
2 EL Balsamessig
20 junge Brennnesselblätter

Die Keulen der Wachteln abtrennen und den oberen Knochen auslösen. Das Brustfleisch herausschneiden. Die Wachtelknochen klein hacken. Zwiebel, Karotte und Lauch putzen und klein schneiden. Das Rapsöl erhitzen, die Wachtelknochen darin braun rösten. Das Gemüse dazugeben, mit Wasser knapp bedecken, salzen und pfeffern. Alles zugedeckt bei kleiner Hitze 10 Min. köcheln lassen. Die Sauce durch ein feines Sieb passieren (ergibt ca. 200 ml).

10 g Butter in einer Sauteuse zerlassen, die Linsen kurz anschwitzen. Die Hälfte der Sauce und 100 ml Wasser dazugießen und zugedeckt bei kleiner Hitze in 15–20 Min. garen.

Inzwischen 10 g Butter in einer zweiten
Sauteuse zerlassen, die Graupen darin kurz anschwitzen, salzen und pfeffern. Mit etwas Wasser und der restlichen Wachtelsauce bedecken
und die Graupen zugedeckt bei mittlerer Hitze
in 10–12 Min. garen. Dabei häufig umrühren.
Die Linsen mit den Graupen mischen und mit
dem Essig abschmecken.

Die restliche Butter in einer Pfanne erhitzen,
die Wachtelteile salzen, pfeffern und darin auf
der Hautseite 3 Min. braten, dann wenden und
auf der Innenseite 2 Min. braten. Die Brennnesselblätter waschen, trocken tupfen, in feine
Streifen schneiden und unter das leicht flüssige
Graupen-Linsen-Ragout mischen. Das Graupen-
Linsen-Ragout auf Teller verteilen und die
Wachtelteile drum herumlegen.

Linsen passen im Sommer
sehr gut in Salate, oder
man kombiniert sie mit
anderen Gemüsen wie
Fenchel, Artischocken
oder Trevisano.

HEIMAT KE FOOD

Elke Heidenreich

Graupensuppe!

Als ich ein Kind war, war der Krieg noch nicht lange vorbei. Die Eltern waren beide berufstätig, weil ja Deutschland wiederaufgebaut werden musste, und die Kinder – so auch ich – hatten Schlüssel um den Hals hängen, kamen mittags aus der Schule und machten sich in kleinen Töpfen das Essen warm, das die Mutter am Abend vorgekocht hatte. Bei uns war es ein kleines schwarzes Töpfchen, ich habe es heute noch, und in das musste das Mittagessen passen: Sauerkraut mit Mettwurststückchen und Kartoffeln, Erbsen und Möhren durcheinander mit Kartoffeln, Rotkohl mit Kartoffeln und klein geschnittener Sonntagsroulade, immer eine Portion fürs Kind. Ich aß allein am Küchentisch, hörte Radio dabei und las Micky Maus. Ich aß lustlos, und bis heute verabscheue ich aufgewärmtes Essen. Mit einer Ausnahme: Graupensuppe!

Ich verabscheue auch Kochsendungen im Fernsehen, ich halte sie für einen gigantischen, zeitverschwendenden Unfug, aber einmal habe ich sogar an einer teilgenommen, aus missionarischem Drang, das ist wirklich wahr: Bei Alfred Biolek in »Alfredissimo!« habe ich die Graupensuppe meiner Mutter gekocht, und ich konnte ihn, den Feinschmecker, überzeugen. Nicht nur ihn: Es hagelte danach Briefe und Rezeptanfragen, und meine Familie besteht sowieso darauf, dass ich jeden Samstag fürs Wochenende die berühmte Graupensuppe koche, je nachdem im großen oder kleinen Topf – hängt davon ab, wer gerade alles da ist und Hunger hat.

Also: Im Grunde kocht man eine einfache, gute Gemüse-Kartoffelsuppe. Alles klein schneiden – Lauch, Möhren, Kartoffeln, Sellerie, es können auch grüne Bohnen oder Kohlrabi mit rein, dann alles Kleingewürfelte kurz in Olivenöl andünsten und danach mit Gemüsebrühe ablöschen. Salz, Pfeffer (Geheimtipp: ein Schuss Maggi! Oder echtes Maggikraut!), Deckel drauf, köcheln lassen. Die Graupen kocht man extra in Salzwasser, aber aufpassen: Wenn das überschäumt, gibt es eine klebrige Schweinerei auf dem Herd! Wenn die Graupen – eine knappe Kaffeetasse auf einen guten Liter Salzwasser – weich sind, kommt das Wichtigste: in ein Sieb abgießen und so lange mit kaltem Wasser überspülen, bis wirklich kein Schleim mehr rauskommt – es muss klares Wasser aus dem Sieb laufen, dann ist alles Eklige von den Graupen weg. Wer das nicht tut, kocht ungenießbar, glauben Sie mir!
Nun hui, die abgespülten Graupen in die Suppe, klein geschnittene Mettwürstchen reichlich dazu, noch mal alles schön heiß aufkochen und – hm. Es ist unfassbar lecker.

Wissen Sie überhaupt, was Graupen sind, dieses Arme-Leute-Essen für die Kumpels damals im Ruhrgebiet? Es ist Gerste, geschälte Gerste, und die leckersten sind die runden Perlgraupen. Sie machen nichts anderes als sättigen – das war damals wichtig. Für mich sind sie heute die perfekte Erinnerung an meine Kindheit.

Elke Heidenreich isst am liebsten Currywurst oder Pfannkuchen, wenn sie nicht gerade liest oder über Bücher redet. Teller, auf denen »Dialog von ...« oder irgendetwas »an ...« nett geordnet ist, sind ihr ein Graus.

Abdruck mit freundlicher Genehmigung der Autorin

Leberpastetchen mit mariniertem Spargel

Typisch deutsche Zutaten in gewagter Kombination: Das Königinpastetchen als Küchenklassiker der 70er Jahre geht – neu interpretiert – mit Spargel und Leber eine ungeahnt wohlschmeckende Verbindung ein. Statt Spargel passen aber auch frische Blattsalate.

Zubereitungszeit:
55 Min.

Zutaten für 4 Personen:
100 g Geflügelleber
Salz, Pfeffer
50 g Sahne
1 Ei
2 EL Semmelbrösel
4 Blätterteigpastetchen
(Fertigprodukt)
12 Stangen weißer Spargel
(mittlere Stärke)
1 Prise Zucker
10 g Butter
etwas frisch gepresster
Zitronensaft
3 EL Rapsöl
1 EL weißer Balsamessig
1 Stängel Estragon
Backpapier

Die Geflügelleber enthäuten und die Adern entfernen. In einen Mixer geben, salzen und pfeffern und fein pürieren. Die Sahne und das Ei dazugeben, alles kurz mixen. Die Semmelbrösel dazugeben und kurz untermixen.

Den Backofen auf 120 °C vorheizen. Das Backblech mit Backpapier auslegen. Die Lebermasse in die ausgehöhlten Pastetchen füllen. Die Pastetchen auf das Blech setzen und im Ofen (Mitte, Umluft 100 °C) 30 Min. backen.

Inzwischen den Spargel schälen. Reichlich Salzwasser mit Zucker, Butter und Zitronensaft in einem Topf aufkochen lassen und den Spargel darin bei mittlerer Hitze in 5–6 Min. bissfest garen. Inzwischen das Rapsöl und den Essig in einer Schüssel verrühren. Den Spargel herausnehmen und den warmen Spargel darin marinieren. Den Estragon waschen und trocken tupfen, die Blätter fein schneiden und über den Spargel streuen. Die warmen Pastetchen auf Teller verteilen und den Spargel dekorativ dazulegen.

Kalbsleber am Stück gebraten mit Spargel-Apfel-Ragout

Die Leber im Ganzen zu braten erscheint uns in Deutschland ungewöhnlich. Aber sie gelingt noch zarter, wenn man die Scheiben erst nach dem Garen schneidet. Dazu Spargel und Sauerampfer – da kommt keine Spießigkeit auf.

Die Leber enthäuten, säubern und abtrocknen. Die Zwiebel und Karotte schälen. Den Apfel waschen, vierteln und entkernen. Die Zwiebel fein würfeln. Apfel und Karotte in ca. 5 mm große Würfel schneiden. Den Backofen auf 200 °C (Umluft 180 °C) vorheizen.

Den Spargel schälen. Reichlich Salzwasser mit Zucker, 10 g Butter und Zitronensaft in einem Topf aufkochen lassen. Den Spargel darin in 5–6 Min. bissfest garen. Den Spargel herausnehmen und den Spargelfond beiseitestellen. Den Spargel vom Ende her erst in ca. 10 cm lange Stücke schneiden und für das Ragout in Scheibchen schneiden. Die Spargelspitzen beiseitelegen.

Das Rapsöl in einer Bratreine erhitzen, die Leber einlegen, salzen und pfeffern und je nach Dicke im Ofen (Mitte) auf jeder Seite 10 Min. braten, bis die Leber innen leicht rosa ist. Bei der Nadelprobe sollte die Mitte der Nadel lauwarm sein.

Inzwischen den Sauerampfer waschen, trocken tupfen und in Streifen schneiden. 10 g Butter zerlassen, die Zwiebel und Karotte darin kurz anschwitzen. Den Weißwein und 60 ml Spargel-

Zubereitungszeit:
1 Std.

Zutaten für 4 Personen:
500 g Kalbsleber am Stück
1 rote Zwiebel
1 Karotte
1 Apfel
12 Stangen weißer Spargel
(mittlere Stärke)
Salz
1 Prise Zucker
20 g Butter
etwas frisch gepresster
Zitronensaft
2 EL Rapsöl
1 Bund Sauerampfer
(8–10 Blätter)
60 ml Weißwein

fond dazugießen und offen bei mittlerer Hitze auf etwa ein Drittel einkochen lassen. Die Apfelwürfel und Spargelscheibchen dazugeben, alles kurz aufkochen lassen, dann die Spargelspitzen dazugeben.

Die Kalbsleber herausnehmen und gleichmäßig in 12 Scheiben schneiden. Je drei Scheiben Leber auf Teller legen, die Spargelspitzen seitlich anlegen und das Spargelragout an den Spargel und die Leber geben. Mit Sauerampfer bestreuen. Die Leber mit Salz leicht würzen.

Kalbsnieren im eigenen Fettrand gegrillt

Die Nieren sollten unbedingt klein sein, deshalb beim Metzger vorbestellen. Das Nierenfett ist ein sehr reines, geschmackvolles Fett und wird zur Zubereitung verwendet.

Zubereitungszeit:
35 Min.

Zutaten für 4 Personen:
2 kleine Kalbsnieren im eigenen Fett (ca. 500 g)
4 mittelgroße Kartoffeln
300 g junger Blattspinat
50 g Bärlauchblätter
Salz, Pfeffer
20 g Butter
2 EL Balsamessig

Die Kalbsnieren in ca. 1,5 cm dicke Scheiben schneiden. Zum Braten 40 g Nierenfett abschneiden und beiseitestellen. Die Kartoffeln schälen und in ca. 1 cm große Würfel schneiden. Den Spinat verlesen, waschen und eventuell die Stiele entfernen, dann abtropfen. Den Bärlauch waschen, trocken tupfen und in Streifen schneiden.

20 g Nierenfett in einer Eisenpfanne zerlassen, die Kartoffelwürfel einlegen, salzen und pfeffern und in 6–8 Min. gleichmäßig goldbraun braten.

Eine Grillpfanne erhitzen und 20 g Nierenfett darin zerlassen. Die Nierenscheiben dazugeben und bei mittlerer Hitze auf jeder Seite in 1,5 Min. braun grillen.

Die Butter in einer Pfanne erhitzen, die Spinat-
blätter darin zusammenfallen lassen, salzen und
pfeffern. Den Bärlauch dazugeben und untermischen. Den Spinat in die Mitte der Teller geben.
Die warmen Nierenscheiben drum herumlegen, die knusprigen Kartoffelwürfel über den
Spinat und die Nieren verteilen. Den Essig als
dünnen Faden mit einem spitzen Löffel drum
herumträufeln.

Kalbsbries mit frischen Morcheln à la Crème

Ja, in Deutschland wachsen Morcheln. Wer sie findet,
hat Glück. Der frische Edelpilz und das feine Kalbsbries – eine Wiederentdeckung der Sterneküche –
ist ein Sonntagsessen.

Das Kalbsbries unter kaltem, leicht fließendem
Wasser 2 Std. wässern. Die Häute abziehen
und herausschneiden. Das Bries mit Küchenpapier trocken tupfen, dann in gleichmäßig
dicke Scheiben schneiden. Die Morcheln putzen, der Länge nach halbieren, die Hälften
vorsichtig waschen und in einem Sieb abtropfen
lassen.

10 g Butter und das Rapsöl in einer Pfanne
erhitzen, das Bries einlegen, salzen und pfeffern
und bei starker Hitze je nach Dicke in 2–3 Min.
auf jeder Seite braun braten.

Die restliche Butter in einem flachen Topf
erhitzen, die Morcheln darin kurz anschwitzen,
salzen und pfeffern. Mit dem Weißwein, Sherry
und Fond ablöschen. Die Sahne dazugeben, alles

Zubereitungszeit:
30 Min.
Wässern: 2 Std.

Zutaten für 4 Personen:
400 g Kalbsbries (beim
Metzger vorbestellen)
200 g Morcheln
(frisch oder tiefgefroren)
20 g Butter
2 EL Rapsöl
Salz, Pfeffer
4 EL Weißwein
2 EL trockener Sherry
80 ml Gemüse- oder
Kalbsfond
80 g Sahne

aufkochen und offen bei mittlerer Hitze so lange einkochen lassen, bis die Sauce cremig ist. Den Topf vom Herd nehmen und die Morcheln mit Salz und Pfeffer abschmecken. Das Morchelragout in tiefen Tellern anrichten und die Briesscheiben darauflegen.

Die Morcheln haben einen zarten Eigengeschmack, deshalb gibt man weder Kräuter noch Gemüse dazu, die nur vom Geschmack ablenken würden.

Sämige Suppe aus Meeresfischen

Die gute deutsche Flotte Lotte bürgert das französische Traditionsgericht ein. So passt sie in unsere deutsche Suppenkultur.

Zubereitungszeit:
1 Std. 30 Min.

Die Fische ausnehmen, putzen und schuppen, eventuell säubern und in kleine Stücke schneiden. Die Zwiebel und Karotte schälen und klein schneiden. Den Lauch und Staudensellerie putzen, waschen und ebenfalls klein schneiden.

Das Olivenöl in einem Topf erwärmen, das Gemüse darin kurz anschwitzen. Die Fischstücke samt Kopf dazugeben, kurz mit anschwitzen, dann salzen und pfeffern. Mit Weißwein ablöschen, die Tomaten dazugeben und alles mit kaltem Wasser bedecken. Die

Thymianzweige obendrauf legen. Die Suppe
aufkochen lassen, den Schaum mit einer
Schaumkelle abschöpfen und die Suppe offen
bei mittlerer Hitze 1 Std. köcheln lassen. Wenn
nötig, etwas Wasser nachgießen.

Dann die Suppe durch die Flotte Lotte passieren, wieder in den Topf geben und nochmals
aufkochen lassen. Die Suppe sollte leicht sämig
sein. Mit Safranfäden und Zucker abschmecken.

Variante
Die Suppe kann man auch mit Süßwasserfi-
schen wie Zander, Renke, Waller oder Hecht
zubereiten – aber natürlich nicht gemischt.
Dann die Suppe statt mit Safran und Zucker
mit Chilifäden abschmecken. Nach Belieben mit
Kräutern wie Dill, Petersilie, Schnittlauch und
Fenchelkraut verfeinern.

Zutaten für 4 Personen:
400 g gemischte Meeres-
fische (z. B. Knurrhahn,
Dorade, Seehecht, Seewolf
oder Gambas)
1 kleine Zwiebel
1 kleine Karotte
30–40 g Lauch
30–40 g Staudensellerie
4 EL Olivenöl
Salz, Pfeffer
100 ml Weißwein
2 ganze, geschälte Tomaten
(aus der Dose)
2–3 Zweige Thymian
einige Safranfäden
1 Prise Zucker

Wer möchte, kann die
Suppe mit frischen Kräu-
tern, z. B. Thymian, Petersilie, Oregano und Basili-
kum, verfeinern und
mit Weißbrot-Croûtons
bestreut servieren.

Sushi auf neue Art

Mit unseren Süßwasserfischen und Markt-Gemüsen kann man sehr gut eine eigenständige Sushi-Variante servieren. Für alle, die kalten Reis meiden möchten.

Zubereitungszeit:
50 Min.

Zutaten für 4 Personen:
1 Renke (ca. 400 g)
1 Wildsaibling (ca. 500 g)
1 mittelgroße Karotte
4 Frühlingszwiebeln
1/3 Salatgurke
Salz
60–80 g Champignons
(ca. 8 Stück)
1/2 Avocado
1 Stück frischer
Meerrettich
1 EL frisch gepresster
Limettensaft
4 EL helle Sojasauce
4 EL Sojaöl
Pfeffer
1 kleines Bund Schnittlauch

Die Fische filetieren und entgräten. Die Karotte schälen. Die Frühlingszwiebeln putzen und waschen. Die Gurke waschen und putzen. Alles in ca. 4 cm lange und ca. 1 cm breite Stäbchen schneiden. Die Karotte und Frühlingszwiebeln mit Salz würzen. Die Champignons putzen und mit Küchenpapier abreiben. Salzwasser in einem Topf aufkochen lassen, die Karotte und Frühlingszwiebeln darin in 2–3 Min. bissfest garen. Champignons dazugeben und 30 Sek. mitgaren. Die Avocado schälen und in gleich große Stücke schneiden. Den Meerrettich schälen und in kaltes Wasser geben, damit er fest wird und sich gut reiben lässt.

Für die Marinade Limettensaft, Sojasauce und Sojaöl für eine gute Verbindung in ein Schraubglas geben und kräftig schütteln. Die Avocadostücke und die Gurkenstäbchen mit etwas Marinade beträufeln. Eine flache Glasform mit etwas Marinade auspinseln. Die Fischfilets in feine Scheibchen schneiden, in die Form legen und mit Marinade bepinseln, salzen und pfeffern. Die Filets 5 Min. marinieren.

Die restliche Marinade auf Teller verteilen. Das Gemüse darauf dekorativ anrichten, die marinierten Fischscheiben auf die Gemüsestücke legen. Den Schnittlauch waschen, trocken tupfen, in ca. 2 cm lange Stücke schneiden und darüberstreuen. Den Meerrettich darüberreiben.

Grüner Spargel mit Matjestatar

Dies ist eine feine Alternative zu Matjesfilet nach Hausfrauenart. Die neuen Matjes gibt es zur einheimischen Spargel-Saison.

Zubereitungszeit:
45 Min.

Zutaten für 4 Personen:
2 Eier
16 Stangen grüner Spargel
4 Matjesfilets
(neue Ernte ab Mai)
1 kleine Zwiebel
Salz
1 EL Crème fraîche
1 TL frisch gepresster
Zitronensaft
Pfeffer
1 Packung Wasserkresse

Die Eier in 10–12 Min. hart kochen, herausnehmen, abkühlen lassen und pellen. Inzwischen den Spargel vorsichtig brechen (er bricht an den holzigen Stellen). Die Matjesfilets mit einer Pinzette entgräten und in kleine Würfel schneiden. Die Zwiebel schälen und ebenfalls klein würfeln. Die Eier halbieren, die Eigelbe herauslösen und beiseitelegen. Die Eiweiße in kleine Würfel schneiden.

Reichlich Salzwasser in einem Topf aufkochen lassen. Den Spargel dazugeben und offen in 3–4 Min. bissfest garen. Herausnehmen und kurz abkühlen lassen. Die Spargelspitzen 9–10 cm lang abschneiden und den Rest in kleine Stücke schneiden.

Matjeswürfel, Spargelstückchen, Zwiebel, Eiweiß, Crème fraîche und Zitronensaft in eine Schüssel geben und verrühren. Mit Pfeffer würzen. Die Spargelspitzen salzen und pfeffern. Aus dem Tatar mit zwei Esslöffeln 4 Nocken formen. Die Nocken auf Tellern anrichten und mit den gewürzten Spargelspitzen garnieren. Die Kresse abschneiden und darüberstreuen. Die Eigelbe mit einem Esslöffel durch ein feines Sieb über das Tatar streichen.

Junger Hecht mit Lardo und Romana-Salat

Der tolle Hecht mit italienischem Flair.
Der gesalzene Rückenspeck – den besten Lardo
bietet die Region um Carrara – harmoniert mit
dem typischen Hechtgeschmack.

Die Kiemen mit den Fingern herausziehen,
dann den Hecht über die Kiemen ausnehmen.
Dabei möglichst den Bauch nicht aufschneiden.
Die Flossen abschneiden, den Hecht in etwas
Wasser sauber schuppen, dann abtrocknen.
Den Hecht vom Rücken her aufschneiden, dabei
die Mittelgräte vorsichtig herausschneiden und
mit einer Serviette säubern. Kopf und Schwanz
bleiben dran. Den Hecht innen salzen und pfeffern. Die Lardoscheiben hineinlegen. Den Backofen auf 180 °C (Umluft 160 °C) vorheizen.

Einen großen Bräter erhitzen, das Rapsöl und
10 g Butter dazugeben. Den Hecht einlegen
und im Ofen (Mitte) 5 Min. braten, dann den
Hecht wenden und weitere 5 Min. braten.

Den Salat der Länge nach halbieren und den
mittleren Strunk herausschneiden. Die restliche
Butter in einer Pfanne mit Deckel erhitzen, die
Salathälften mit der Innenseite nach unten und
etwas Wasser dazugeben. Mit Salz und Zucker
würzen und den Salat zugedeckt bei mittlerer
Hitze 3 Min. dünsten. Salat wenden und offen
1–2 Min. weiterkochen, bis die Flüssigkeit verdampft und der Salat leicht gebräunt ist.

Den Schnittlauch waschen, trocken tupfen und
in ca. 1 cm lange Stücke schneiden. Den Hecht
aus dem Ofen nehmen. Mit einem Löffel und

Zubereitungszeit:
50 Min.

Zutaten für 4 Personen:
1 Hecht (ca. 1 kg)
Salz, Pfeffer
4 dünne Scheiben Lardo
(italienischer grüner Speck)
4 EL Rapsöl
20 g Butter
4 kleine oder 2 große
Köpfe Romana-Salat
1 Prise Zucker
1 Bund Schnittlauch
2 EL Crème fraîche

einer Gabel die Filets von Kopf und Schwanz trennen. Beide Filets auf die Hautseite legen, vorsichtig portionieren, die Fischstücke auf Teller legen und mit einem Löffel etwas Bratensaft über den Fisch und Lardo geben. Dann die Salathälften dazulegen und mit Schnittlauch bestreuen. Die Crème fraîche verrühren, neben dem Fisch anrichten und mit dem restlichen Bratensaft beträufeln.

Bachforelle pochiert mit Kopfsalat-Sabayon

Bei diesem Rezept entscheiden der Fischer und der Gärtner sehr viel. Der Kopfsalat entfaltet im Sabayon ein zartes Aroma. So wird aus zwei simplen Zutaten ein besonderer Genuss.

Zubereitungszeit:
45 Min.

Zutaten für 4 Personen:
8 mittelgroße Kartoffeln
2 Bachforellen
(à 400–500 g)
1 Kopfsalat
1 kleine, junge Zwiebel
60 ml Weißwein
2 Eigelb
Salz, Pfeffer
40 g Butter
16 Cocktailtomaten
4 kleine Dillzweige

Die Kartoffeln waschen und mit der Schale in 25–30 Min. weich kochen. Inzwischen die Forellen filetieren und dabei die Haut dranlassen. Die Bauchgräten herausschneiden und die Filets in 2 oder 3 Stücke schneiden.

Den Kopfsalat putzen, waschen und trocken schleudern. Die grünen Blätter sehr fein schneiden, die hellgrünen Herzblätter beiseitelegen. Die Zwiebel schälen, fein schneiden und mit dem Weißwein in einer kleinen Sauteuse offen 2–3 Min. kochen lassen, dann vom Herd nehmen. Die Eigelbe unterrühren. Mit Salz und Pfeffer würzen. Mit einem Schneebesen über dem heißem Wasserbad (50–60 °C) schaumig rühren. Wenn das Sabayon voluminös und steif wird, nach und nach 30 g Butter in kleinen Stücken unterrühren. Beiseitestellen und den fein geschnittenen Kopfsalat untermischen.

Die Forellenfilets in einem Sieb über dem heißen Wasserdampf in 2–3 Min. garen. Die Tomaten waschen und je nach Größe halbieren. Die restliche Butter in einer Pfanne erhitzen, die ganzen oder halbierten Tomaten darin erwärmen, die hellgrünen Herzblätter dazugeben, salzen und pfeffern. Die Kartoffeln pellen, je nach Größe halbieren oder vierteln und ebenfalls zu den Tomaten geben.

Die heißen Forellenfilets mit der Haut nach oben auf Teller geben, die Tomaten, Salatblätter und Kartoffeln dazugeben. Das warme Sabayon rundherum verteilen. Mit den kleinen Dillzweigen dekorieren.

Filetierte Schollen auf Kartoffelstreifen

Die Mai-Scholle ist die Seezunge für den Alltag. Die Kartoffelstreifen geben den Filets Halt und Geschmack, da diese beim Braten empfindlich sind.

Die Schollen filetieren und enthäuten, die Filets wieder in ihrer natürlichen Form aufeinanderlegen. Die Frühlingszwiebeln putzen, waschen und schräg in Scheiben schneiden. Die Zuckerschoten waschen, putzen und dabei die Fäden abziehen, dann je nach Größe halbieren. Die Kartoffeln schälen, in feine Streifen hobeln, die Kartoffelstreifen salzen und pfeffern. Schnittlauch waschen, trocken tupfen und fein schneiden.

Die Schollenfilets leicht salzen und pfeffern, mit den Kartoffelstreifen belegen und diese fest andrücken. Das Rapsöl und 10 g Butter in einer Pfanne erhitzen, die Filets vorsichtig mithilfe

Zubereitungszeit:
45 Min.

Zutaten für 4 Personen:
4 Schollen (à 400–500 g)
4 Frühlingszwiebeln
200 g Zuckerschoten
500 g festkochende Kartoffeln
Salz, Pfeffer
1 kleines Bund Schnittlauch
6 EL Rapsöl
40 g kalte Butter

einer Palette mit der Kartoffelseite nach unten hineinlegen und bei mittlerer Hitze in 4–6 Min. braun braten.

Inzwischen 20 g Butter zerlassen, die Frühlingszwiebeln darin kurz anschwitzen, salzen und pfeffern, 200 ml Wasser dazugießen und aufkochen lassen. Die Zuckerschoten dazugeben und das Gemüse zugedeckt bei kleiner Hitze 2 Min. köcheln lassen, dann die restliche kalte Butter unterschwenken.

Die Schollenfilets wenden und auf der anderen Seite in 1–2 Min. fertig braten. Die Filets auf Tellern anrichten, das Gemüse rundherum anrichten und mit Schnittlauch bestreuen.

Karpfenfilets im Aromadampf gegart

Die Osterzeit ist Karpfenzeit. Diese asiatische Garmethode tut dem Traditionsgericht gut. Es wird leichter und bekömmlicher.

Zubereitungszeit:
55 Min.

Den Karpfen filetieren und von der Haut lösen. Die Bauchgräten herausschneiden. Die Filets in jeweils 4 gleich große Stücke schneiden, in einen Dämpfeinsatz legen, dann salzen und pfeffern. Die Kartoffeln schälen und klein würfeln. Die Frühlingszwiebeln putzen, waschen und in 2–3 cm lange Stücke schneiden. Den Spinat verlesen, waschen und eventuell die Stiele entfernen, dann abtropfen lassen.

Für den Aromasud die Zwiebel schälen. Die Zitrone waschen und halbieren. 500 ml Wasser mit Zwiebel, Zitronenhälfte, Lorbeerblatt und

Nelke in einem Topf mit Dämpfeinsatz aufkochen lassen. Den Meerrettich schälen und in
Wasser geben, damit er fest wird und sich gut
reiben lässt. Den Schnittlauch waschen, trocken
schütteln und fein schneiden.

Das Rapsöl in einer Pfanne erhitzen, die Kartoffelwürfel darin bei mittlerer Hitze in
3–4 Min. gleichmäßig braun braten. Gleichzeitig
40 g Butter in einer zweiten Pfanne erhitzen,
die Frühlingszwiebeln darin bei mittlerer Hitze
3 Min. dünsten. Den Spinat dazugeben und
zusammenfallen lassen, dann salzen und pfeffern. Die Karpfenfilets im Dampfeinsatz über
dem heißen Aromadampf in 4–5 Min. garen.

Die restliche Butter zerlassen, den Saft der
übrigen Zitronenhälfte auspressen und dazugeben. Den Spinat und die Frühlingszwiebeln auf
Tellern anrichten, die Karpfenfilets daraufsetzen
und die Kartoffelwürfel darauf verteilen. Mit
Schnittlauch bestreuen. Die zerlassene Zitro-
nen-Butter mit einem Löffel über den Fisch
geben und den Meerrettich darüberreiben.

Zutaten für 4 Personen:

1 Spiegelkarpfen
(ca. 1,5 kg; oder 2 kleine
Karpfen à 750 g)
Salz, Pfeffer
4 mittelgroße Kartoffeln
8 Frühlingszwiebeln
100 g junger Blattspinat
1/2 Zwiebel
1 Bio-Zitrone
1 Lorbeerblatt
1 Nelke
1/2 Stange frischer
Meerrettich
1 Bund Schnittlauch
(oder Bärlauch)
4 EL Rapsöl
60 g Butter

Saiblinge mit Gurken und Brunnenkresse

Der Saibling ist das Beste, was unsere Seen und Bäche bieten. Die Schmorgurke gibt dem Essen einen Hauch Nostalgie, und die Kresse macht's wieder frisch.

Zubereitungszeit:
35 Min.

Zutaten für 4 Personen:
4 Saiblinge (à ca. 300 g)
80 g Salatgurke
4 Frühlingszwiebeln
1 Bund Brunnenkresse
40 g Butter
2 EL Distelöl
Salz
frisch gemahlener
schwarzer Pfeffer
150 ml Fischfond
2 EL trockener Weißwein
4 EL Sahne
Cayennepfeffer
etwas frisch gepresster
Zitronensaft

Die Saiblinge filetieren, dann von der Haut und den Gräten befreien. Die Gurke schälen, halbieren und die Kerne mit einem Teelöffel herauskratzen. Die Gurkenhälften in ca. 4 cm lange und 5 mm dicke Stifte schneiden. Die Frühlingszwiebeln putzen, waschen und in feine Steifen schneiden. Die Brunnenkresse waschen, die Blätter abzupfen und auf ein Tuch legen.

20 g Butter und das Distelöl in einer Pfanne erhitzen, die Saiblingfilets darin auf jeder Seite 1 Min. braten, sie sollen innen rosa bleiben. Die Filets salzen und pfeffern, aus der Pfanne nehmen und warm halten. Die Gurkenstifte in dieselbe Pfanne geben, salzen und pfeffern und etwa 1 Min. anbraten, dabei die Pfanne mehrmals schwenken.

Gleichzeitig den Fischfond und Weißwein in einem Topf offen bei mittlerer Hitze auf etwa 100 ml reduzieren. Die Sahne unterrühren. Die restliche Butter in Stückchen mit einem Schneebesen unter die Sauce rühren. Die Gurkenstifte dazugeben und untermischen. Die Sauce mit Cayennepfeffer und etwas Zitronensaft würzen und die Brunnenkresseblätter untermischen. Die Saiblingfilets mit der Sauce auf vorgewärmten Tellern anrichten.

Grüner Spargel mit Rotweinmayonnaise

Wer macht noch die Mayonnaise selbst? Doch, es geht einfach! Und mit dem Rotwein und dem grünen Spargel wird sie modern dargeboten. Sein Plus: 500 Gramm grüner Spargel liefern nur etwa 100 Kalorien.

Den Spargel vorsichtig brechen (er bricht an den holzigen Stellen). Die Schalotte und den Knoblauch schälen und fein schneiden. Beides mit dem Rotwein in eine Sauteuse geben und offen bei mittlerer Hitze so lange reduzieren lassen, bis kaum noch Flüssigkeit vorhanden ist, dann erkalten lassen. Die Eigelbe dazugeben und mit einem Schneebesen unterrühren, salzen und pfeffern. Das Rapsöl nach und nach in kleinen Mengen dazugeben und unterschlagen. Sollte die Mayonnaise gerinnen, sofort etwas kaltes Wasser unterrühren.

Reichlich Salzwasser in einem Topf aufkochen lassen. Den Spargel darin offen in 3–4 Min. garen. Herausnehmen und in Eiswasser abkühlen lassen. Mit der Mayonnaise anrichten. Nach Belieben mit Kerbel garnieren.

Zubereitungszeit:
45 Min.

Zutaten für 4 Personen:
1 kg grüner Spargel
1 Schalotte
1 Knoblauchzehe
200 ml Rotwein
3 Eigelb
Salz, Pfeffer
200 ml Rapsöl
Kerbel zum Garnieren
(nach Belieben)

Die Rotweinmayonnaise passt auch sehr gut zu weißem Spargel. Dazu schmeckt ein Beaujolais.

Rhabarberkompott süßsauer

Rharbarber wächst leicht in jedem Garten.
Als bekannter Nachtisch benötigt er viel Zucker,
als Gemüse-Vorspeise nicht mal die Hälfte.

Zubereitungszeit:
35 Min.

Zutaten für 4 Personen:
150 g Rhabarber
(ca. 2 Stangen)
8 Frühlingszwiebeln
15 frische Erbsenschoten
10 mittelgroße Gambas
10 g Butter
4 EL Rapsöl
Salz
2 EL Zucker
8 Minzeblätter
Chili aus der Mühle

Den Rhabarber waschen, putzen und dabei die Haut und Fäden abziehen. Die Rhabarberstangen in 4–5 cm lange und ca. 1 cm breite Stäbchen schneiden. Die Frühlingszwiebeln putzen und waschen. Nur das helle Grün in feine Ringe schneiden, die weißen Teile der Länge nach halbieren. Die Erbsen aus der Schote lösen.

Die Gambas schälen, die Köpfe dranlassen und den Darm vorsichtig herausschneiden. Die Butter und 2 EL Rapsöl in einer Pfanne (24 cm Ø) erhitzen, die weißen Frühlingszwiebelhälften darin 2 Min. anbraten. Dann den Rhabarber und die hellgrünen Frühlingszwiebelringe dazugeben und 4 Min. anschwitzen (der Rhabarber darf nicht zerkochen), mit Salz und Zucker würzen. Das Rhabarberkompott in eine Schüssel geben und abkühlen lassen.

Etwas Salzwasser aufkochen lassen, die Erbsen darin in 1 Min. garen, in ein Sieb abgießen und abkühlen lassen. Die Minze in feine Streifen schneiden. Minze und Erbsen unter das Rhabarberkompott rühren, mit Chili aus der Mühle abschmecken. Das restliche Öl in einer Pfanne erhitzen, die Gambas darin auf jeder Seite 2 Min. braten. Das Kompott in die Mitte der Teller geben und die gebratenen Gambas mit dem Kopf zum Tellerrand anlegen.

Leipziger Allerlei

Oh du wunderbares deutsches Gericht! Was wollte die Dose aus dir machen? Das Arme-Leute-Gericht ist eine Delikatesse. Es muss naturnah zubereitet werden, das ist nur sinnvoll in der heimatlichen Spargelzeit. Ohne Morcheln, Geflügel und Krebse bleibt es eine gesunde Basisversion – die Verfeinerung eignet sich auch für den Gourmetteller.

Die Krebse kochen, auskühlen lassen und das Krebsfleisch auslösen (aus Schwänzen und Scheren). Das Fleisch der Hühnerflügel von der Flügelspitze her mithilfe eines Messers auf eine Stelle zusammenschieben.

Die Karotten schälen oder nur bürsten. Die Morcheln putzen und vorsichtig waschen. Etwas Wasser mit 1 Prise Salz und Zucker in einem Topf aufkochen lassen, die Spargelspitzen darin in 3–4 Min. bissfest kochen. Inzwischen den Schnittlauch waschen, trocken tupfen und in ca. 2 cm lange Stücke schneiden.

20 g Butter in einer Pfanne erhitzen, die Hühnerflügel darin bei mittlerer Hitze 10 Min. braten, bis sie goldbraun sind. Inzwischen die restliche Butter in einer zweiten Pfanne erwärmen, die ganzen Karotten, die Krebskörper und 5 EL Wasser dazugeben, alles zugedeckt bei mittlerer Hitze in 15 Min. garen. Dann die Erbsen und Morcheln dazugeben und 1 Min. mitgaren. Wenn nötig, etwas Wasser dazugießen. Die Spargelspitzen dazugeben, alles salzen und pfeffern und das Gemüse 30 Sek. weitergaren. Die ausgelösten Krebse dazulegen und 2–3 Min. erwärmen.

Zubereitungszeit:
1 Std.

Zutaten für 4 Personen:
8 Krebse
300 g Hühnerflügel
250 g kleine, junge
Karotten (ca. 12 Stück)
80–100 g kleine Morcheln
(ca. 16 Stück)
Salz
1 Prise Zucker
200 g weiße Spargelspitzen
(ca. 16 Stück)
1 Bund Schnittlauch
40 g Butter
6 EL junge Erbsen
(frisch oder tiefgefroren)
Pfeffer
100 g Sahne

Das Gemüse in die Mitte der Teller geben, seitlich die Krebskörper anlegen und das Krebsfleisch obendrauf geben. Die Hühnerflügel drum herumlegen. Mit Schnittlauch bestreuen. Den Sud aus beiden Pfannen mischen, die Sahne dazugeben und kurz aufkochen lassen, dann über das Leibziger Allerlei geben.

Spargelvariation

Verschiedene Zubereitungen von einem ausdrucksvollen Gemüse steigern die Spannung auf dem Teller. Ein deutscher Spargel – dreimal europäisch zubereitet.

Zubereitungszeit:
40 Min.

Zutaten für 4 Personen:
20 Stangen weißer Spargel
(mittlere Stärke)
4 Blätter Filoteig
(ca. 8 x 20 cm; aus dem
griechischen oder türkischen Lebensmittelladen)
Salz, Pfeffer
10 g Butter
2 EL Weißwein
6 EL Rapsöl
10 Zweige Kerbel
2 EL weißer Balsamessig

Den Spargel schälen und gleichmäßig lang zuschneiden. Die Spargelspitzen ca. 7 cm lang abschneiden und der Länge nach in 3–4 mm dicke Scheiben schneiden. Die Filoteigblätter auf einer Arbeitsfläche ausbreiten. Jeweils 3 Spargelspitzen nebeneinander auf die Hälfte eines Filoteigblattes legen, salzen und pfeffern, dann mit der anderen Teighälfte bedecken.

Die Hälfte des restlichen Spargels in 5 cm lange Viertel schneiden, die andere Hälfte schräg in 3–4 mm dicke Scheiben schneiden. Die Butter in eine Pfanne zerlassen, die Spargelviertel darin bei kleiner Hitze in 5 Min. garen, dabei immer wieder in der Pfanne schwenken. Den Spargel salzen und pfeffern. Die Spargelscheiben in einen kleinen Topf geben, salzen und pfeffern, mit Weißwein und wenig Wasser knapp bedecken und 2–3 Min. dünsten. Dann beiseitestellen.

2 EL Rapsöl in einer großen Pfanne erhitzen, die Spargelspitzen im Teigblatt darin bei kleiner Hitze auf jeder Seite 2–3 Min. leicht anbraten (zu starke Röstaromen dominieren den Spargelgeschmack).

Den Kerbel waschen und trocken tupfen, die Blätter abzupfen. Das restliche Rapsöl und den Essig verrühren und die lauwarmen Spargelscheiben damit anmachen. Mit den Spargelvierteln und dem Spargel im Teigblatt auf Tellern anrichten und mit Kerbel garnieren. Dazu passen angemachte Blätter von Kopfsalatherzen.

Spargelrisotto

Hier verbindet sich die Spargel-Heimat mit der Risotto-Heimat.

Die Frühlingszwiebeln putzen, waschen und in feine Scheiben schneiden. Den Spargel schälen, der Länge nach halbieren und die Hälften in 3–5 cm lange Stücke schneiden. Die Erbsen aus den Schoten lösen.

10 g Butter in einer passenden Sauteuse erwärmen, den Risottoreis darin unter Rühren 2 Min. anschwitzen. Die Frühlingszwiebeln dazugeben und unter Rühren 1 Min. mit anschwitzen. Etwas Weißwein angießen, mit Salz und Pfeffer aus der Mühle würzen und bei kleiner Hitze 3 Min. köcheln lassen.

Den Spargel unterrühren, den restlichen Weißwein dazugeben und unter gelegentlichem Rühren weitere 5 Min. köcheln lassen. Die Erbsen

Zubereitungszeit:
40 Min.

Zutaten für 4 Personen:
2 Frühlingszwiebeln
12 Stangen weißer Spargel
(mittlere Stärke)
20 frische Erbsenschoten
20 g Butter
200 g Risottoreis
(z. B. Arborio)
200 ml Weißwein
Salz, Pfeffer aus der Mühle
200 ml Gemüsefond
4 EL frisch geriebener
Parmesan

dazugeben. Den Gemüsefond nach und nach unterrühren und den Reis in 2–5 Min. fertig garen, bis der Risotto dickflüssig ist und die übrigen Zutaten einen leichten Biss haben. Wenn die Flüssigkeit knapp wird, etwas Wasser dazugießen. Die restliche Butter und den Parmesan unterrühren. Den Risotto sofort servieren.

Beim Risotto ist es wichtig, während der Garzeit häufig umzurühren und nicht zu viel Flüssigkeit auf einmal hinzuzufügen. Deswegen sollte man beim Garen immer dabeibleiben.

Reinhard Kreissl

Glocalisation

D er Mensch sei ein Nomade, meinte der Schriftsteller Bruce Chatwin. Und mit dem ersten eingezäunten Stück Land habe das Unglück der Menschheit begonnen, dachte Jean-Jacques Rousseau. Welche Heimat hat der umherziehende Mensch? Können sich heimatliche Gefühle ohne umzäuntes Eigentum entwickeln? Ist Heimat nicht der Inbegriff des spießigen Ewiggestrigen, des dumpfen Konservativen? Heimat – ein verdächtiger und im Angesicht der allseits beschworenen Globalisierung und Mobilität unbrauchbar gewordener Begriff. Auf der anderen Seite hängt jeder an dem, was er kennt, geht der Amerikaner im Ausland zu Mc Donald's und trinkt Cola. Vielleicht ist Heimat nicht mehr der geografische Ort, mit dem wir vielfach Entwurzelten heimatliche Gefühle verbinden. Aber frühe Erfahrungen prägen den Menschen. Das gilt für die Mutterbrust wie für die späteren Geschmacksempfindungen. Geschmacks- und Geruchsgedächtnis sind die evolutionär ältesten Teile des menschlichen Erinnerungsvermögens. Im Englischen gibt es einen schönen Spruch, der das Problem auf den Punkt bringt: You can take the boy out of the country, but you can't take the country out of the boy. Apropos Englisch. Als ich in Kali-

fornien lebte, wollte ich meinen amerikanischen Freunden einen echten bayerischen Schweinsbraten zubereiten. Es gelang nicht. Die US-Schweine geben das nicht her. Inder und Chinesen haben in der Diaspora ihre eigenen Märkte, wo sie Reis oder Curry kaufen, die aus ihren Heimatländern importiert werden. Einen bayerischen Metzger gibt es in San Francisco nicht.

Wir jetten mehr oder weniger zwangsweise um die Welt und finden uns in jedem Hotel, nebst der dort präsentierten Speisekarte zurecht. Wir können den Laptop in Singapur ans Netz anschließen und den Liebsten zu Hause online Nachrichten schicken. Die Intimität braucht keine dauernde Nähe mehr. Aber alles, wovon wir leben, bleibt verwurzelt. Das Terroir prägt den Wein, das Gras die Gans, die Kuh und letztlich den Käse. Das sind nicht nur subjektiv wahrgenommene geschmackliche Differenzen, sie lassen sich auf der Ebene der molekularen Beschaffenheit nachweisen, und wer es genau wissen will, der kann sich von einem geschulten Chemiker den angeblichen DOCG-Chianti zerlegen lassen in seine isotopischen Bestandteile, die manchmal nicht nur auf die Toskana verweisen.

Es ist die Widerständigkeit der Natur, die wir in unseren Geschmacksvorstellungen bewahren sollten. Heimat ist mehr Geruch, Geschmack und Gefühl – weniger der Ort, an dem wir gerade leben. Der sorgfältige Umgang mit dem, was an einem Ort (und in dieser Art nur dort!) wächst, blüht und reift, gehört als Aufgabe ins Pflichtenheft des modernen Heimatpflegers.

Wer auf dem besteht, was vor Ort produziert und zubereitet wird, entwickelt nicht nur ein Heimatgefühl, sondern kultiviert damit auch den notwendigen Widerstand gegen die Kräfte der Einheitsbreipartei. Die Älteren unter uns erinnern sich noch an den Seufzer des französischen Präsidenten Charles de Gaulle, der meinte, ein Land, das mehrere hundert Käsesorten kultiviere, sei unregierbar. Gut so, möchte man ausrufen und dabei an einen Bouton de Coulotte neben einem Glas Burgunder denken. Es gibt ein neues Kunstwort, das diesen eigentümlichen Prozess, in dem wir uns befinden, gut erfasst: Glocalisation. Die Verbindung von globalen und lokalen Elementen prägt unseren Alltag. Das Lokale setzt sich auch in der globalisierten Welt durch. Wenn es wegfiele, wenn die Differenz verschwände, wären wir – nicht nur kulinarisch – am Ende. Wie die Welt dann aussähe, weiß ein jeder, der in unseren guccifizierten Zeiten einen Souvenirladen betritt. Bombay, Kairo oder Miesbach – überall der gleiche Schrott aus Taiwan, Vietnam oder China. Heimat ist das, was sich gegen die fremden Einflüsse durchsetzt oder notfalls auch gegen sie verteidigt werden muss. Und das ist kein Aufruf zum Kampf der Kulturen. Es ist die Aufforderung, das, was einen geprägt hat, die eigene Geschichte, zu bewahren, ohne engstirnig zu werden. Wollte man es philosophisch fassen, so wäre Heimatverbundenheit als ein Plädoyer für die Anerkennung von Differenz zu verstehen. Das bewusste Bekenntnis zu den eigenen Wurzeln, zur eigenen Heimat ist eine wichtige Grundlage von Toleranz und Liberalität. Bayern galt früher mal als strahlendes Beispiel und die Liberalitas Bavariae war ein sprichwörtlicher Beleg dafür, dass die Geborgenheit im Eigenen gegenüber dem Fremden souveräne Offenheit ermöglicht. Aber wenn Heimat zum Klischee verkommt, dann passieren zwei scheinbar gegensätzliche Dinge: Es wächst der militante Lokalpatriotismus, und zugleich findet eine Anpassung an ortlosen Konformismus statt. Wollte man es am Beispiel Bayerns zeigen, muss man nur zur Wiesnzeit jene in Landhausmode gekleideten Menschen betrachten, die mit dem Proseccoglas in der Hand jedem, der es nicht hören will, erklären, dass Ausländer und Zuagroaste nie lernen werden, wie man eine Weißwurst richtig tranchiert.

Reinhard Kreissl, geborener Münchner und bekennender Anhänger des guten Essens und Trinkens, lebt nach globalen Wanderjahren in Wien und München, wo er diverse akademische Projekte im Bereich der Soziologie verfolgt. Der Küche Karl Ederers seit dessen erstem Antreten im Glockenbach verfallen und seitdem immer wieder mal bemüht, Karls Küche in gedruckte Worte zu fassen, was jedes Mal zu der Einsicht führt: Er kocht besser als ich schreibe.

Abdruck mit freundlicher Genehmigung des Autors

Holunderblüten im Ausbackteig mit Sorbet

···

Holunderblüten muss man zur richtigen Zeit pflücken – im Frühling; im Herbst schenkt der Strauch uns die Beeren. Die Blüte geriet immer mehr in Vergessenheit, dabei ist es das ländlich bayerische Freitagsgericht oder eine Nachspeise.

Zubereitungszeit:
1 Std. 10 Min.
Gefrierzeit: 40 Min.

Zutaten für 4 Personen:
Für das Sorbet:
125 g Zucker
1/2 Zitrone
ein paar Holunderblüten
Für den Ausbackteig:
80 g Mehl
2 Eigelb
2 EL Zucker
1 Prise Salz
200 ml Milch
2 Eiweiß
Außerdem:
200 ml Distel- oder Sojaöl
8 große Holunderblüten-
dolden
Puderzucker zum
Bestreuen

250 ml Sirup kochen. Dafür 125 ml Wasser und den Zucker in einen kleinen Topf geben, kurz aufkochen und dann abkühlen lassen.

Den Saft der Zitrone auspressen. Mit 250 ml Sirup und ein paar Holunderblüten aufkochen und 30 Min. ziehen lassen. Die Flüssigkeit durch ein feines Sieb passieren und in der Eismaschine in 30–40 Min. gefrieren lassen. Oder die Flüssigkeit in eine Metallschüssel geben und zugedeckt im Tiefkühlfach in 1 Std. 30 Min. bis 2 Std. fest werden lassen. Dann mit dem Pürierstab durchmixen.

Für den Ausbackteig Mehl, Eigelbe, Zucker und Salz in eine Schüssel geben und mit dem Schneebesen zu einem glatten Teig verrühren. Dann die Milch nach und nach unterrühren. Die Eiweiße in einer sauberen Schüssel mit den Quirlen des Handrührgeräts steif schlagen. Den Eischnee vorsichtig unter den Teig heben.

Das Öl in einem Topf erhitzen, mit etwas Teig die Temperaturprobe machen. Die Holunderblütendolden nach und nach in den Teig tauchen, etwas abtropfen lassen und im heißen Fett in 3–4 Min. goldbraun ausbacken. Herausnehmen und auf Küchenpapier abtropfen lassen. Das Sorbet mit dem Pürierstab durchmixen und mit den Holunderblüten auf Tellern anrichten. Mit etwas Puderzucker bestreuen.

Zum Ausbacken unbedingt die schönsten Holunderblütendolden verwenden. Das Waschen der Dolden ist nicht unbedingt nötig!

Rhabarber-Erdbeer-Kompott mit gebackenen Weißbrotscheiben

Rharbarberschaum mit Erdbeeren ist für mich ein Witzigmann-Gericht. Weißbrot in Eihülle gebacken ist ein k. und k. Klassiker.

Den Rhabarber waschen, putzen und dabei die Haut und Fäden abziehen. Die Stangen quer in ca. 1 cm lange Stücke schneiden. Den Saft der Zitrone auspressen. 2 EL Zucker in einem kleinen Topf bei kleiner Hitze schmelzen lassen, dann den Zitronensaft dazugeben. Die Rhabarberstücke dazugeben, vorsichtig umrühren und in 2–3 Min. nicht zu heiß erhitzen. Sie sollten noch Biss haben. Das Kompott in eine Schüssel füllen und erkalten lassen.

Die Erdbeeren waschen, putzen, abtropfen lassen und je nach Größe halbieren oder vierteln. Die Hälfte der Erdbeeren unter das Kompott mischen.

Zubereitungszeit:
40 Min.

Zutaten für 4 Personen:
4 kleine Stangen Rhabarber
1/2 Zitrone
3 EL Zucker
250 g Erdbeeren
100 ml Milch
8 kleine Weißbrotscheiben
2 Eier
1 EL gehackte Mandeln
20 g Butter
4 Minzeblätter
Puderzucker zum Bestreuen

Die Milch erwärmen. Die Weißbrotscheiben nebeneinander in eine Schale legen und die warme Milch darübergießen. Die Eier, 1 EL Zucker und die Mandeln in einer Schüssel verrühren. Die Butter in einer Pfanne erhitzen, die Brotscheiben durch die Eiermasse ziehen und auf jeder Seite 1 Min. ausbacken.

Das Kompott auf flachen Tellern anrichten und die Brotscheiben seitlich anlegen. Mit den restlichen Erdbeeren und je 1 Minzeblatt garnieren. Nach Belieben mit Puderzucker bestreuen.

Erdbeeren mit Zitronencrêpes

Bei Erdbeeren mit Sahne ging es allen gut. Der Geschmack einheimischer Erdbeeren und die zarte Zitronencreme machen mehr daraus.

Zubereitungszeit:
40 Min.

Zutaten für 4 Personen:
Für den Crêpes-Teig:
40 g Butter
80 g Mehl
150 ml Milch
2 Eier
20 g Zucker
2 EL neutrales Pflanzenöl
zum Ausbacken

Für den Teig die Butter in einem kleinen Topf zerlassen und den Schaum abschöpfen. Das Mehl und die Milch in einer Schüssel zu einem glatten Teig verrühren. Die Eier und den Zucker dazugeben und unterrühren. Die Butter ohne die Molke ebenfalls unterrühren.

Für die Zitronencreme die Zitrone heiß waschen, abtrocknen und ein Viertel der Schale abreiben. Den Saft auspressen. Die Milch mit der Zitronenschale aufkochen lassen. Mehl, Eigelbe, Zucker und Puddingpulver in einer Schüssel schaumig rühren. Die heiße Milch unterrühren und wieder alles in den Topf geben, den Zitronensaft dazugeben, alles aufkochen und 2–3 Min. kochen lassen. Die Creme in eine Schüssel füllen, mit Frischhalte-

folie abdecken und bis zum Gebrauch kalt
stellen.

Den Backofen auf 100 °C vorheizen. Eine kleine Pfanne (10–12 cm Ø) heiß werden lassen
und mit dem Pflanzenöl einpinseln. Aus dem
Teig nacheinander 8 kleine Crêpes backen.
Dafür jeweils eine kleine Schöpfkelle Teig in die
Pfanne geben, den Teig zerlaufen lassen und bei
mittlerer Hitze zu einem dünnen, leicht brau-
nen Crêpe ausbacken. Die fertigen Crêpes
nebeneinander auf ein Backblech legen und
warm halten. Die Zitronencreme gut verrühren, die Crêpes damit bestreichen, einrollen
und kurz in den Ofen schieben.

Inzwischen die Erdbeeren waschen, putzen,
abtropfen lassen und je nach Größe halbieren
oder vierteln. Die Teller damit außen belegen.
Die Crêpes in die Mitte der Teller legen und
mit Puderzucker bestreuen.

Für die Zitronencreme:
1 Bio-Zitrone
200 ml Milch
10 g Mehl
2 Eigelb
100 g Zucker
10 g Zitronen-Pudding-
pulver (oder Speisestärke)
Außerdem:
250 g reife Erdbeeren
Puderzucker
zum Bestreuen

Zu weiche Erdbeeren mit
Sirup (100 ml Wasser und
100 g Zucker aufkochen und
abkühlen lassen) vermischen
und pürieren. Die Crêpes
erst mit Erdbeersauce
beträufeln und dann mit
Puderzucker bestreuen.

SOMMER

Geschmortes Perlhuhn

Dieses Gericht benötigt weder Kartoffeln noch Reis oder Nudeln. Pilze und Gemüse passen bestens zum Schmorgeschmack.

Zubereitungszeit:
1 Std. 25 Min.

Zutaten für 4 Personen:
1 Perlhuhn (1,2–1,4 kg)
ca. 100 g Gemüse
(z. B. Karotte, Lauch und
Staudensellerie)
Salz
1 kleine weiße Zwiebel
100 g frische Shiitakepilze
200 g Zuckerschoten
2 Stängel Estragon
4 EL Rapsöl
Pfeffer
8 EL Weißwein
20 g kalte Butter
1 EL Balsamessig

Das Perlhuhn ausnehmen und außen mit einem Gasbrenner abflämmen. Mit einer Küchenschere den Rücken vorsichtig herausschneiden und das Perlhuhn aufklappen. Den oberen Knochen der Keulen herausschneiden, auf die Innenseite legen und vorsichtig flach drücken. Die Rückenknochen und den Hals in Stücke hacken.

Das Gemüse waschen, putzen und grob klein schneiden. Für den Fond die Knochen mit dem Gemüse in einen Topf mit 500 ml Wasser geben, das Wasser salzen, aufkochen und offen bei mittlerer Hitze 30 Min. köcheln lassen.

Inzwischen die Zwiebel schälen und in feine Würfel schneiden. Die Shiitakepilze säubern und die Stiele abschneiden. Die Stiele zu den Knochen geben und mitkochen. Die Kappen in 2–3 mm dicke Scheiben schneiden. Die Zuckerschoten waschen, putzen und dabei die Fäden abziehen. Die Estragonblätter abzupfen und fein schneiden. Die Estragonstängel zu den Knochen geben. Den Backofen auf 200 °C vorheizen.

Das Rapsöl in einem passenden Bräter erhitzen. Das Perlhuhn auf der Hautseite salzen und pfeffern und mit der Hautseite nach unten in den Bräter legen. Im Ofen (Mitte, Umluft 180 °C) 5–8 Min. anbraten. Den Bräter aus

dem Ofen nehmen und das Perlhuhn wenden.
Die Zwiebel seitlich dazugeben und im Ofen
2 Min. mitbraten. Mit dem Weißwein ablöschen.

Den Fond durch ein feines Sieb passieren,
ebenfalls in den Bräter gießen und 8 Min.
köcheln lassen. Den Bräter herausnehmen und
alles auf dem Herd bei kleiner Hitze 3 Min.
köcheln lassen. Die Shiitakepilze dazugeben
und 3 Min. mitgaren, dann die Flüssigkeit offen
einkochen lassen, bis sie dickflüssig ist. Wenn
nötig, etwas Wasser dazugeben.

Salzwasser in einem Topf aufkochen lassen, die
Zuckerschoten darin in 2–3 Min. bissfest garen.
Herausnehmen und in kaltem Wasser abkühlen.

Das Perlhuhn aus dem Bräter nehmen. Das
Brustfleisch in der Mitte mit dem Messer auseinanderschneiden und jeweils halbieren.
Die Keulen am Gelenk zerschneiden. So gibt
es pro Person 1/2 Keule und 1/4 Brust.

Den Schmorsud mit Salz und Pfeffer abschmecken und die Butter unterrühren. Estragon, Zuckerschoten und Essig ebenfalls unterrühren. Die Perlhuhnteile auf Teller geben,
die Zuckerschoten dekorativ dazulegen und
die Sauce rundum verteilen.

Dazu passt Kartoffelgratin.
Die Zuckerschoten können
durch grüne oder breite
Bohnen ersetzt werden.

Bresse-Huhn gebraten mit Pfifferlingen

Auf der ganzen Welt essen die Menschen gerne
Hühner, es ist ein globales Lebensmittel. Aber das
Bresse-Huhn ist eine langsam wachsende Urrasse
von einer einzigartigen Intensität.

Zubereitungszeit:
1 Std. 20 Min.

Zutaten für 4 Personen:
1 Bresse-Huhn (ca. 1,2 kg,
ausgenommen; oder
1 Bauerngockel)
Salz, Pfeffer
1 Bund Petersilie
1 Knoblauchzehe
6 EL Rapsöl
200 g Pfifferlinge
4 Frühlingszwiebeln
2 große festkochende
Kartoffeln
40 g kalte Butter

Von dem Huhn die Flügelspitzen abschneiden.
Das Huhn innen und außen mit Küchenpapier
abtupfen, salzen und pfeffern. Den Backofen auf
200 °C vorheizen. Die Petersilie waschen und
trocken tupfen, die Blätter fein schneiden. Den
Knoblauch ungeschält zerdrücken und mit den
Petersilienstängeln in das Huhn geben. 3 EL
Rapsöl in einer passenden Bratreine erhitzen,
das Huhn mit der Brust nach oben in die Reine
geben. Im Backofen (Mitte, Umluft 180 °C)
30 Min. garen. Zwischendurch das Huhn mit
dem Bratensaft begießen.

Inzwischen die Pfifferlinge putzen und mit
Küchenpapier abreiben (nur wenn nötig
waschen). Die Frühlingszwiebeln putzen,
waschen, das dunkle Grün abschneiden und
anderweitig verwenden. Den Rest der Länge
nach halbieren. Die Frühlingszwiebeln in die
Bratreine geben und 10 Min. mitbraten.

Die Kartoffeln schälen und in ca. 1 cm große
Würfel schneiden. Das restliche Rapsöl und
10 g Butter in einer Eisenpfanne erhitzen, die
Kartoffeln einlegen, salzen, pfeffern und bei
mittlerer Hitze in 10 Min. goldbraun braten.

Inzwischen die Pfifferlinge in die Reine zum
Huhn geben, salzen und pfeffern und 5 Min.

braten. Dann das Huhn mit 4 EL Wasser begießen und 3–5 Min. weitergaren. Danach 4 EL Wasser zur Sauce in die Reine geben und 2 Min. kochen lassen. Das Huhn herausnehmen. Die Keulen abschneiden und das Brustfleisch herausschneiden.

Die Sauce mit den Pfifferlingen und Frühlingszwiebeln in der Reine kurz aufkochen lassen, 30 g Butter in Stückchen unterschwenken. Die Hälfte der Petersilie dazugeben, die Sauce mit Salz und Pfeffer abschmecken. Die restliche Petersilie zu den Kartoffeln geben. Das Huhn auf Tellern anrichten, dann die Sauce und die Kartoffeln dazugeben.

Tellerfleisch auf moderne Art

Hier sieht und isst man sehr deutlich den Unterschied zwischen traditionell und Kochen heute. Der Geschmack ist im Fleisch, nicht in der Suppe.

Die Karotten und den Sellerie schälen. Den Lauch putzen, dabei das dunkle Grün abschneiden und den Lauch waschen. Die Rinderlende enthäuten. Die Rindfleischabschnitte und 1 l Wasser in einen Topf geben. Die Karotten- und Sellerieschalen, das Lauchgrün, etwas Salz und Pfeffer dazugeben. Das Wasser aufkochen lassen, dabei den Schaum abschöpfen. Bei mittlerer Hitze 45 Min. garen. Die Brühe durch ein feines Sieb passieren (ergibt ca. 500 ml Rinderbrühe). Die Brühe beiseitestellen.

Zubereitungszeit:
1 Std. 25 Min.

Zutaten für 4 Personen:
4 kleine Karotten
1 kleiner Knollensellerie
1 kleiner junger Lauch
400 g Rinderlende am Stück
Salz, Pfeffer
20 g Butter
2 Stängel Petersilie
2 Zweige Thymian
1 Knoblauchzehe

Die Rinderlende in ca. 5 mm dicke Scheiben schneiden. Die Butter in einem kleinen Topf zerlassen. Große, tiefe Teller damit ausstreichen, mit Salz und Pfeffer bestreuen und das Fleisch gleichmäßig darin auslegen.

Die Karotten, den Sellerie und Lauch in ca. 1 cm große Würfel oder in gleichmäßig dicke Scheiben schneiden und in einen flachen Topf geben. Das Gemüse salzen und pfeffern, 200 ml Rinderbrühe und 100 ml Wasser dazugießen. Das Gemüse bei mittlerer Hitze in 5–7 Min. weich kochen, bis nur noch wenig Fond im Topf ist.

Die Petersilie und den Thymian waschen und trocken tupfen. Die Petersilien- und Thymianblätter abzupfen. Den Knoblauch schälen. Den Backofen auf 200 °C vorheizen. Die restliche Rinderbrühe erhitzen und in eine Bodom-Kaffeekanne mit einem Sieb zum Drücken füllen. Knoblauch, Petersilien- und Thymianstängel dazugeben und darin 2–3 Min. ziehen lassen.

Die Teller mit dem Fleisch im Ofen in 4 Min. erwärmen, dann herausnehmen. Das Gemüse auf dem Fleisch verteilen und mit Petersilien- und Thymianblättern bestreuen. Das Sieb der Kaffeekanne herunterdrücken und die Brühe am Tisch in die Teller geben.

Bratheringfilets
mit Champignons und Kartoffeln

Reichskanzler Otto von Bismarck soll gesagt haben: Wäre der Hering so teuer wie Kaviar, würden ihn die Leute mehr schätzen. Das ehemals einfache Arbeitergericht, verkam im Laufe der Jahrzehnte zum Industrieprodukt. Deshalb zeigt der selbst gemachte Brathering der Konserve ihre Grenzen auf.

Heringe filetieren und Bauchgräten herausschneiden. Zwiebel schälen, vierteln und in feine Streifen schneiden. Die Champignons putzen, mit Küchenpapier abreiben und halbieren.

Die Haut der Heringfilets mit Mehl bestäuben. In einer passenden Pfanne 2 EL Rapsöl erhitzen, die Heringfilets mit der Hautseite einlegen, salzen und pfeffern und in 2 Min. knusprig braten. Die Filets wenden, mit Salz und Pfeffer würzen und 1 Min. braten. Die Heringfilets herausnehmen und mit der Haut nach oben in eine passende Form legen.

Das Fett aus der Pfanne abgießen, 2 EL Rapsöl dazugeben und erhitzen. Die Zwiebel darin bei mittlerer Hitze braun braten, dann mit Weißwein und Essig aufgießen und offen bei starker Hitze kurz einkochen lassen. Den Kalbsfond und die Champignons dazugeben und 1–2 Min. kochen lassen. Mit Salz und Pfeffer abschmecken. Der Sud soll säuerlich schmecken. Dann den Sud über die Heringe gießen und mindestens 2 Std. stehen lassen (nicht in den Kühlschrank stellen).

Zubereitungszeit:
55 Min.
Marinierzeit: 2 Std.

Zutaten für 4 Personen:
4 frische Heringe
(à ca. 200–250 g; die
kleinen sind nicht so fett)
1 weiße Zwiebel
100–120 g mittelgroße
Champignons (ca. 12 Stück)
1 EL Mehl
8 EL Rapsöl
Salz, Pfeffer
8 EL Weißwein
4 EL Rotwein- oder
Obstessig
4 EL dunkler Kalbsfond
4 mittelgroße festkochende
Kartoffeln (ca. 150 g)
4 mittelgroße gelbe Rüben
(à 50–70 g)
1 Prise Zucker
1 kleines Bund Schnittlauch

Die Kartoffeln schälen und in ca. 5 mm dicke Scheiben schneiden. Die gelben Rüben schälen und der Länge nach halbieren. 4 EL Rapsöl in einer Eisenpfanne erhitzen, die Kartoffelscheiben darin bei mittlerer Hitze in 6–8 Min. braun braten, salzen und pfeffern. Dabei die Kartoffeln immer wieder schwenken.

Die gelben Rübenhälften in einen Topf geben und knapp mit Wasser bedecken, mit Salz, Pfeffer und Zucker würzen. Die Rüben zugedeckt bei mittlerer Hitze in 5 Min. garen, bis keine Flüssigkeit mehr im Topf ist.

Den Schnittlauch waschen, trocken tupfen und in ca. 1 cm lange Stücke schneiden. Die Heringfilets auf Teller legen, die Sauce mit den Zwiebeln und Champignons auf die Filets geben. Die gelben Rüben und Kartoffelscheiben dekorativ dazulegen. Mit Schnittlauch bestreuen.

Kalbskopf und Zunge mit Gurke und Algen

Ein Gericht für einen leidenschaftlichen Innereien-Liebhaber. Kapern und Algen verbessern den typischen Geschmack.

Zubereitungszeit:
1 Std. 25 Min.

Den Kalbskopf gut säubern. Salzwasser in einem Topf aufkochen lassen. Den Kalbskopf und die Zunge darin offen bei kleiner Hitze in 1 Std. garen, dabei immer wieder den Schaum abschöpfen. Beides aus dem Sud nehmen und die Zunge in kaltem Wasser abkühlen lassen. Dann die Haut abziehen.

Die Gurke schälen und mit dem Schäler in Längsstreifen abschälen. Die Gurkensteifen in eine Schüssel geben und salzen. Die Algen in 100 ml Wasser einweichen und 5 Min. quellen lassen. Dann das Wasser abgießen und die Algen gut ausdrücken. Die Algen mit den Gurken vermischen und das Gurkenwasser abgießen.

Den Kalbskopf und die Zunge in gleichmäßig dicke Scheiben schneiden und mit wenig Kochwasser in einer Pfanne bei kleiner Hitze lauwarm halten. Die Zwiebel schälen, halbieren, in feine Streifen schneiden und unter die Gurken mischen. Den Saft der Zitrone auspressen. Für die Marinade den Senf und Essig in einer kleinen Schüssel verrühren, das Rapsöl und den Zitronensaft unterschlagen. Die Marinade salzen und pfeffern.

Die Gurken, Algen und Zwiebeln in die Mitte der Teller geben. Die Kalbskopf- und Zungenscheiben abwechseln drum herumlegen. Die Marinade mit einem Löffel darüber verteilen. Die Kapern ohne Marinade darüberstreuen und das Fleisch nochmals mit Salz und Pfeffer würzen. Die Wasserkresse abzupfen, die Blätter in kleine Teile zupfen und ebenfalls darüberstreuen.

Zutaten für 4 Personen:
1/2 Kalbskopf-Maske
(ca. 400 g; beim Metzger vorbestellen)
Salz, Pfeffer
1 kleine Kalbszunge
(ca. 250 g)
1 Salatgurke
20 g getrocknete Algen
(Asialaden)
1 junge Zwiebel
1/2 Zitrone
1 TL mittelscharfer Senf
2 EL Weißweinessig
4 EL Rapsöl
Pfeffer
1 EL kleine, eingelegte Kapern
1 Päckchen Wasserkresse
(oder 10–12 Zweige Brunnenkresse)

Zu gekochten und gebratenen Kalbsinnereien passen fruchtige deutsche Silvaner, Rieslinge, Weiß-, Grau- und Spätburgunder.

Pfifferlingssülze mit mariniertem Weißkraut und gegrillten Steinpilzen

Bodenständige Produkte mit handwerklicher Wertschätzung zubereitet. Eine besondere Vorspeise, die man als Gastgeber gut vorbereiten kann.

Zubereitungszeit:
25 Min.
Kühlzeit: 2–3 Std.

Zutaten für 4 Personen:
150 g Pfifferlinge
8 kleine Steinpilze
(ca. 30–40 g)
1/2 Zwiebel
4 Stängel Petersilie
10 g Butter
Salz, Pfeffer
3 Blatt weiße Gelatine
250 ml Geflügel- oder
Gemüsebrühe
400–500 g junger Weißkohl
3 EL Apfelessig
8 EL Sonnenblumenöl

Die Pilze putzen und mit einem feuchten Tuch abreiben (nur wenn nötig waschen). Die Steinpilze der Länge nach halbieren. Die Zwiebel schälen und in feine Würfel schneiden. Die Petersilie waschen und trocken tupfen, die Blätter fein schneiden. Die Butter in einer Pfanne erwärmen, die Zwiebel darin bei mittlerer Hitze kurz anschwitzen. Die Pfifferlinge dazugeben und in 1 Min. garen, dabei immer wieder schwenken, dann salzen und pfeffern.

Die Pfifferlinge in vier Förmchen (à ca. 8 cm Ø) verteilen und mit der Hälfte der Petersilie bestreuen. Die Gelatine in kaltem Wasser einweichen. Die Brühe erhitzen, kräftig mit Salz und Pfeffer würzen. Die Gelatine gut ausdrücken, in die Brühe geben und verrühren. Die Brühe über die Pfifferlinge gießen. Die Pfifferlinge mindestens 2–3 Std. in den Kühlschrank stellen, bis sie fest sind.

Inzwischen den Weißkohl putzen, entblättern und in kochendem Wasser 2 Min. blanchieren, dann herausnehmen und abtropfen lassen. Den Essig mit 6 EL Sonnenblumenöl, Salz, Pfeffer und der restlichen Petersilie verrühren. Die lauwarmen Kohlblätter darin marinieren.

Eine Grillpfanne (oder den Grill) erhitzen, das restliche Sonnenblumenöl dazugeben. Die

Steinpilze darin auf jeder Seite 1 Min. grillen, dann salzen und pfeffern.

Die Förmchen zum Stürzen kurz in heißes Wasser halten. Die Sülzen auf Teller stürzen, mit den Kohlblättern umlegen und die gegrillten Steinpilze dazugeben. Dazu passen frische Croûtons.

Pilze nach »Mama Ederer«

Das war meine Heimatküche von Mama gekocht. Die Frische und Vielfalt der Pilze sind entscheidend.

Zubereitungszeit:
25 Min.

Zutaten für 4 Personen:
300–400 g Waldpilze
(z. B. Steinpilze, Pfifferlinge, Maronen, Rotkappen)
150 ml Milch
2 Semmeln (vom Vortag)
1 kleine Zwiebel
1 Bund Petersilie
4 Eier
40 g Butter
Salz, Pfeffer

Die Pilze putzen, mit einem feuchten Tuch abreiben (nur wenn nötig waschen) und in gleich große Stücke schneiden.

Die Milch erhitzen. Die Semmeln klein schneiden, mit der heißen Milch übergießen und einweichen lassen. Die Zwiebel schälen und fein schneiden. Die Petersilie waschen und trocken tupfen, die Blätter fein schneiden. Die Eier in einer Schüssel verrühren.

Die Butter in einer breiten Pfanne erwärmen, die Zwiebel darin bei mittlerer Hitze 1 Min. anschwitzen. Die Pilze dazugeben, salzen, pfeffern und 1 Min. mitgaren, dabei die Pfanne immer wieder schwenken. Die eingeweichten Semmeln dazugeben, dann die Eier darübergießen und die Petersilie darüberstreuen. Sobald die Eier anfangen zu stocken, die Pilze auf Tellern anrichten.

Sellerieravioli mit Pfifferlingen und Tropeazwiebeln

Deutschland ist das Land der Pilze. Mit der italienischen Garmethode und der französischen Saucenkultur intensiviert sich ihr Geschmack.

Den Sellerie schälen und gleichmäßig in 24 dünne Scheiben schneiden (am besten mit der Aufschnittmaschine). Die Zwiebel schälen und in kleine Würfel schneiden. Den Ricotta in eine kleine Schüssel geben, salzen und pfeffern. Den Schnittlauch und Thymian waschen und trocken tupfen. Den Schnittlauch in kleine Stücke schneiden, die Thymianblätter klein schneiden. Die Kräuter unter den Ricotta rühren. Die Pfifferlinge putzen und mit einem feuchten Tuch abreiben (nur wenn nötig waschen).

Den Ricotta auf 12 Selleriescheiben verteilen und die restlichen Scheiben darauflegen. 2 EL Olivenöl in einer Pfanne erhitzen, die Zwiebelwürfel darin anschwitzen. Den Gemüsefond dazugießen und offen bei starker Hitze einkochen lassen, bis kaum noch Flüssigkeit vorhanden ist. Eine große Pfanne erwärmen, 2 EL Olivenöl dazugeben und die Sellerieravioli einlegen, salzen und pfeffern. Die Sellerieravioli bei mittlerer Hitze auf jeder Seite 2 Min. braten, bis sie gar sind (Vorsicht beim Wenden!).

Das restliche Olivenöl erhitzen, die Pfifferlinge darin bei starker Hitze anbraten, dann salzen und pfeffern. Die Ravioli auf Teller legen und die Pfifferlinge dazugeben. Die Zwiebelsauce zwischen den Ravioli verteilen. Mit ein paar Zweigen Zitronenthymian garnieren.

Zubereitungszeit:
40 Min.

Zutaten für 4 Personen:
1 Knollensellerie
(300–400 g)
1 kleine Tropeazwiebel
(ovale, rote Zwiebel aus
Süditalien)
120 g Ricotta
Salz, Pfeffer
1/2 Bund Schnittlauch
2 Zweige Zitronenthymian
100 g Pfifferlinge
6 EL Olivenöl
8 EL Gemüsefond
einige kleine Zweige
Zitronenthymian
zum Garnieren

Keto von Waberer

Heimat to go

Im Mai blühen die Wiesen in Alpbach. Ich bin ein Kind. Ich liege am Hang im Gras, und über mir wölbt sich der Himmel mit seinen blassen Wolkenbändern. Die Sonne wärmt mein Gesicht. Sie ist noch nicht bis hinunter ins Tal gekommen, und ich sehe drüben auf der Schattenseite die winzigen Spielzeugkühe, versteckt im satten Grün. Ich nage an einem Stück Tiroler Speck, umsurrt von goldenen Insekten. Ich bin unsichtbar, die blühende Wiese ist mein Versteck.

Und da ist auch dieser Betonquader am Lechwehr, am Morgen, im hell-grünen Licht der Weidenbüsche. Ich höre nichts als das Tosen des Was-sers, und von der Kiesbank weht der warme Algengeruch herauf, wenn die Sonne höher steigt. Ich warte auf meinen Liebsten. Zu Hause glauben sie, ich sei in der Schule. Ich nehme einen Schluck aus der Colaflasche und sehe ihn kommen, den Weg entlang, mit schlenkernden Armen. Wir sitzen auf dem kühlen Beton eng beieinander und ohne zu sprechen. Sein Mund schmeckt nach Zigarettenrauch.

Und diese kleine Cantina an der Straße nach Xochimilco. Es riecht nach heißem Benzin und heißem Fett aus der Küche. Hinter mir, im Dämmer-licht, an der langen Theke, üben ein paar Mariachis »La Llorona«. Ich lehne mich an das leuchtende Blau der Hauswand. Es ist schwül auf dem Geh-steig, in der Nachmittagssonne, nur das Bierglas in meiner Hand, kalt und beschlagen. Ein kleiner Junge stellt mir einen Teller »Puerco en salsa verde« hin, einen Stapel heißer Tortillas und einen großen Schnitz Wassermelone.

Aber da ist auch diese nächtliche Wohnung, die auf mich gewartet hat, im Dunkeln, und mich willkommen heißt, wenn ich heimkomme spät nachts: die Schattennester der vertrauten Möbel, die Bücher, an den Wänden, die immer wachen Augen meiner Helfer: Telefon, Computer, CD-Player, Fernseher. Ich mache kein Licht. Ich sehe durchs Fenster, draußen auf dem Balkon die Umrisse meiner Pflanzen, den Ginkgo, die Margeriten, den Olivenbaum, und drüben, auf der anderen Straßenseite die blinden Fenster des Nachbarhauses. Eins ist noch hell, und ein Mann in Unterhose nimmt eine Pfanne vom Herd. Mein Bett treibt mir entgegen, wie ein helles Floß, und um mich sammeln sich die freundlichen Gespenster, die hier hausen.

Es ist tröstlich für mich, meine Heimatorte immer bei mir zu tragen. Ich kann in ihnen verschwinden, wenn ich mich »heimatlos« fühle, ganz gleich, wo ich gerade bin.

Keto von Waberer liebt es zu essen, gibt diesem Verlangen so oft wie möglich nach, ist dabei freilich äußerst wählerisch. Sie hat in Tirol, Amerika und Mexiko, gelebt und gegessen. In München lebt und isst sie als freie Schriftstellerin und unterrichtet in der Filmhochschule »Creative Writing«. Ihr letztes Buch »Umarmungen« erschien im Berlin Verlag. Weiteres zum Essen kann man in ihrem Büchlein »Vom Glück eine Leberwurst zu lieben« nachlesen.

Abdruck mit freundlicher Genehmigung der Autorin

Tomaten mit Wassermelone und Garnelen

Eine spannende Verbindung von drei Produkten mit unterschiedlichem Geschmack und drei Rottönen.

Zubereitungszeit:
35 Min.

Zutaten für 4 Personen:
4 große reife Tomaten
1/2 Wassermelone
(ca. 200 g)
1 Zitrone
2 EL weißer Balsamessig
Salz, Pfeffer
1 EL Zucker
6 EL Rapsöl
160 g Garnelen
(tiefgefroren, frisch gekocht
oder in Lake)
12 Basilikumblätter

Die Tomaten waschen, abtrocknen, von den Stielansätzen befreien und in ca. 5 mm dicke Scheiben schneiden. Die Wassermelone in ca. 5 cm breite Spalten schneiden (außen an der Schale gemessen). Die sichtbaren Kerne und die Schale entfernen, das Fruchtfleisch ebenfalls in ca. 5 mm dicke Scheiben schneiden.

Den Saft der Zitrone auspressen. Zitronensaft, Essig, Salz, Pfeffer und Zucker in eine kleine Schüssel geben und mit einem Schneebesen verrühren. Das Rapsöl nach und nach unterrühren. Die Tomaten- und Melonenscheiben dekorativ aneinander auf Teller legen, salzen und pfeffern.

Die Garnelen abtropfen lassen und ohne Flüssigkeit in einer Pfanne bei schwacher Hitze erwärmen, sodass sie lauwarm sind. Die Basilikumblätter waschen, trocken tupfen, in Streifen schneiden und über die Tomaten- und Melonenscheiben streuen. Die Marinade nochmals verrühren und mit einem Löffel darüberträufeln. Die Garnelen gleichmäßig darauf verteilen. Dazu passt getoastetes Weißbrot.

Kopfsalat mit Sizilia-Marinade und Pfifferlingen

Gute, einfache Produkte werden so zum Super-Salat. Der urdeutsche Kopfsalat erhält eine italienische Note. Unbedingt erst im letzten Moment vor dem Servieren anmachen.

Für die Marinade die Orange und Zitrone heiß waschen und abtrocknen, dann jeweils die Hälfte der Schale abschneiden und in feine Streifen schneiden. Den Saft der Orange und Zitronenhälfte auspressen. Die Zwiebel schälen und in feine Streifen schneiden. Die Zitrusschalen und Zwiebelstreifen in einen kleinen Topf geben, mit Wasser bedecken und bei mittlerer Hitze so lange weich kochen, bis keine Flüssigkeit mehr übrig ist. Den Zitrussaft und Essig dazugeben, dann salzen und pfeffern. Die Mischung mit dem Pürierstab erst fein pürieren, dann nach und nach das Olivenöl unterrühren.

Die Pfifferlinge putzen und mit einem feuchten Tuch abreiben (nur wenn nötig waschen). Die Petersilie waschen und trocken tupfen, die Blätter fein schneiden.

Den Kopfsalat putzen, dabei die äußeren Blätter entfernen. Den Salat waschen und trocken schleudern. Die Salatblätter in eine Schüssel geben, salzen und pfeffern. Die Marinade über den Salat geben und untermischen.

Das Rapsöl in einer Pfanne erhitzen, die Pfifferlinge dazugeben, salzen, pfeffern und bei starker Hitze je nach Größe 2 Min. braten. Die Petersilie untermischen. Den Kopfsalat auf Teller verteilen, die Pfifferlinge darübergeben.

Zubereitungszeit:
40 Min.

Zutaten für 4 Personen:
1 Bio-Orange
1/2 Bio-Zitrone
1/2 kleine Zwiebel
3 EL Weißweinessig
Salz, Pfeffer
6 EL Olivenöl
200 g Pfifferlinge
1/2 Bund Petersilie
2 Kopf Bio-Kopfsalat
2 EL Rapsöl

Kalte Gurkensuppe
mit Minze und Wachteleiern

Eine der bekömmlichsten Arten Gurke zu essen.
Die Sommersuppe erinnert an Urlaub und Sonne.

Zubereitungszeit:
50 Min.

Zutaten für 4 Personen:
1 Salatgurke (200–250 g)
Salz, Pfeffer
100 ml trockener Weißwein
200 ml Gemüsebrühe
8 Minzeblätter
1 Prise Zucker
einige Spritzer weißer
Balsamessig
(oder Zitronensaft)
2 Scheiben Toastbrot
20 g Butter
2 EL Rapsöl
8 Wachteleier
(oder 4 Bio-Hühnereier)

Die Gurke schälen, der Länge nach halbieren
und mit einem Teelöffel entkernen. Die Gurkenhälften in feine Scheiben schneiden und in
einen großen Mixbecher geben. Die Gurken
salzen, pfeffern und 30–35 Min. ziehen lassen.

Die Gurken mit einem Pürierstab pürieren.
Erst den Weißwein untermixen, dann nach und
nach die Gemüsebrühe. Die Minzeblätter in
sehr feine Streifen schneiden und dazugeben.
Die Suppe mit Zucker und Essig abschmecken.

Das Toastbrot in gleichmäßig kleine Würfel
schneiden. Die Butter in einer Pfanne erhitzen,
die Brotwürfel darin bei mittlerer Hitze rösten,
bis sie rundum braun sind. Das Rapsöl in einer
kleinen Pfanne erwärmen, die Wachteleier
aufschlagen und dazugeben und bei mittlerer
Hitze in 2–3 Min. als Spiegeleier braten (sie
sollten nur wenig bräunen). Die Gurkensuppe
in Suppenteller verteilen, jeweils 2 Wachtel-
Spiegeleier daraufsetzen und die Brotwürfel
darüberstreuen.

Lauwarme Karotten
mit Ziegenfrischkäse und grünem Pfeffer

Der etwas andere Käsegenuss mit neu
gemischten Aromen.

Die Karotten schälen und der Länge nach
halbieren. Die Karotten mit Zucker, Salz und
Pfeffer in eine Sauteuse geben und mit Wasser
bedecken. Dann zugedeckt bei mittlerer
Hitze aufkochen lassen und bei kleiner Hitze
in 6–8 Min. bissfest garen.

Inzwischen den Apfel waschen, vierteln und
das Kerngehäuse entfernen. Die Viertel mit
der Schale in Würfel schneiden. Die Karotten
aus dem Fond nehmen, die Äpfel in dieselbe
Sauteuse geben, den Weißwein dazugießen und
zugedeckt 3 Min. kochen lassen. Die Äpfel
mit dem Pürierstab fein pürieren, den grünen
Pfeffer dazugeben und 3 Min. ziehen lassen.
Wenn die Apfelsauce zu dünnflüssig ist, bei
schwacher Hitze offen kurz einkochen lassen.
Die Karotten in die Apfelsauce legen (nicht
mehr kochen).

Die Frischkäsescheiben auf Teller legen, die
Karotten seitlich daneben anrichten und die
warme, pikante, leicht säuerliche und dickflüssige Sauce drum herumgeben.

Zubereitungszeit:
35 Min.

Zutaten für 4 Personen:
320 g Karotten
(ca. 4 Stück)
1 EL Zucker
Salz, Pfeffer
1 Sommerapfel (z. B. Elstar)
100 ml Weißwein
1 EL grüner Pfeffer in Lake
4 Scheiben Ziegenfrischkäse
(à 30–40 g)

Gegrilltes Gemüse mit Petersilienpesto

....

Unverfälschtes italienisches Gemüsegericht mit
einheimischen Kräutern als deutsches Pesto.

Zubereitungszeit:
I Std. 15 Min.

Zutaten für 4 Personen:
Für das Gemüse:
I große Kartoffel
(80–100 g)
100 g Zucchini
100 g Auberginen
2 Tomaten
I rote oder gelbe
Paprikaschote
120 g große Champignons
(ca. 8 Stück)
I Zwiebel
4 EL Sonnenblumenöl
8 Blüten von der
Kapuzinerkresse
Für das Pesto:
I Bund Petersilie
I Knoblauchzehe
2 EL Sonnenblumenkerne
Salz, Pfeffer
6 EL Sonnenblumenöl
40 g frisch geriebener
Bergkäse

Die Kartoffel waschen und in 8 ca. 5 mm dicke
Scheiben schneiden. Die Zucchini, Auberginen
und Tomaten waschen und abtropfen lassen.
Die Zucchini und Auberginen putzen und in ca.
5 mm dicke Scheiben schneiden. Die Paprikaschote der Länge nach vierteln, die Kerne
entfernen, die Paprikaviertel waschen und halbieren. Die Champignons putzen, mit Küchenpapier abreiben, entstielen und quer halbieren.
Die Tomaten in ca. I cm dicke Scheiben schneiden, dabei die Stielansätze entfernen. Die Zwiebel schälen und je nach Größe vierteln oder
achteln. Den Backofen auf 100 °C vorheizen.

Für das Pesto die Petersilie waschen und
trocken tupfen, die Blätter abzupfen und in
einen Mixer geben. Den Knoblauch schälen und
mit den Sonnenblumenkernen dazugeben, dann
alles fein durchmixen. Das Pesto salzen und
pfeffern, das Sonnenblumenöl dazugeben und
untermixen. Den Käse unterrühren und das
Pesto abgedeckt kalt stellen.

2 EL Sonnenblumenöl in einer Grillpfanne
erhitzen, die Kartoffeln einlegen, salzen und auf
jeder Seite in 2–3 Min. leicht knusprig grillen.
Auf ein Blech legen und im Ofen warm halten.
Je nach Größe der Pfanne die Auberginenschei-
ben einlegen und auf jeder Seite 2 Min. grillen
(eventuell vorher in Mehl wenden). Aufs Blech
legen und warm halten.

Anschließend nacheinander die Zucchinischei-
ben, Zwiebel- und Paprikastücke in die Grillpfanne legen, jeweils 2 Min. grillen, salzen und
pfeffern und ebenfalls im Ofen warm halten.
Das restliche Sonnenblumenöl in die Grillpfanne geben, die Champignons darin kurz grillen
und die Tomaten erwärmen. Dann salzen und
pfeffern. Das Gemüse auf Tellern anrichten, das
Pesto über dem Gemüse verteilen und mit den
Kapuzinerkresseblüten verzieren.

Gelbe Beten
mit Kartoffeln, Feta und Pinienkernen

Hier offenbart sich die gelbe Schwester der Roten
Bete als neues und optisch schönes Trendgemüse.

Die Gelben Beten mit Schale in einen Topf mit
Wasser geben. Salz, Pfefferkörner, Lorbeerblatt
und Kümmel dazugeben. Aufkochen lassen, die
Gelben Beten zugedeckt bei schwacher Hitze
in 45 Min. weich garen. Mit der Messerspitze
die Garprobe machen. Die Beten herausnehmen, schälen und lauwarm abkühlen lassen.

Die Kartoffeln schälen und in ca. 5 mm dicke
Scheiben schneiden. 2 EL Olivenöl in einer
Pfanne erhitzen, die Kartoffeln einlegen, salzen,
pfeffern und bei schwacher Hitze auf jeder Seite in 3–4 Min. garen.

Den Rucola verlesen, waschen und trocken
schleudern. Die Pinienkerne in einer kleinen
Pfanne ohne Fett goldbraun rösten. Den Essig,
5 EL Olivenöl, Salz und Pfeffer in einer Schüssel
verrühren. Den Feta in kleine Würfel schneiden.

Zubereitungszeit:
1 Std. 20 Min.

Zutaten für 4 Personen:
4 Gelbe Bete (à ca. 120 g;
das Anbauen oder Suchen
lohnt sich)
Salz
10 schwarze Pfefferkörner
1 Lorbeerblatt
1/2 TL Kümmelsamen
2 mittelgroße Kartoffeln
(ca. 80 g)
7 EL Olivenöl
Pfeffer aus der Mühle
2 Bund Rucola
40 g Pinienkerne
200 ml Rotweinessig
100 g Feta

Die lauwarmen Gelben Beten in ca. 5 mm dicke Scheiben schneiden und abwechselnd mit den Kartoffelscheiben auf Teller legen. Die Käsewürfel darüberstreuen, den Rucola außen herumlegen. Das Gemüse mit Pinienkernen bestreuen und mit der Marinade beträufeln. Mit Salz und Pfeffer aus der Mühle würzen.

Lauwarmer Artischockenboden mit Eierstich und Erbsen

Artischocke mit pochiertem Ei ist typisch französische Küche. Hier bringt die Zartheit von Eierstich und jungen Erbsen eine vertraute Harmonie. Die Bitterstoffe des Distelgewächses wirken als natürliche Schlankmacher.

Zubereitungszeit:
1 Std. 15 Min.

Zutaten für 4 Personen:
2 Eier
Salz, Pfeffer
120 g Sahne
4 Artischocken
1 Zitrone
4 EL Rapsöl
16 frische Erbsenschoten
(oder 4 EL tiefgefrorene Erbsen)
4 Minzeblätter

Den Eierstich am besten einen Tag vorher zubereiten. Den Backofen auf 120 °C vorheizen. Die Eier mit Salz und Pfeffer in einer Schüssel verrühren. Die Sahne dazugeben und unterschlagen. Die verquirlten Eier in eine feuerfeste Form geben. Die Eier im Wasserbad in der Fettpfanne im Ofen (Mitte, Umluft 100 °C) in 30 Min. garen, bis die Eiermasse fest ist.

Am nächsten Tag die Artischockenblätter seitlich abzupfen und den Boden mit einem kleinen Messer vorsichtig herausschneiden. Das innere Heu, das sind die feinen Fäden, mit einem Esslöffel herausnehmen. Die Zitrone halbieren und den Saft von einer Hälfte auspressen. Die Artischockenböden zusammen mit der anderen Zitronenhälfte in einen Topf mit kaltem Wasser geben. Das Wasser salzen, pfeffern und

aufkochen lassen, dann die Artischockenböden bei mittlerer Hitze in 6–8 Min. bissfest garen.

Den Zitronensaft mit dem Rapsöl verrühren. Die Erbsen aus den Schoten lösen. Wenig Wasser aufkochen lassen, salzen und die frischen oder tiefgefrorenen Erbsen darin bei starker Hitze in 1–2 Min. garen.

Die Artischockenböden aus dem Sud nehmen und etwas abkühlen lassen. Die Minze in feine Streifen schneiden. Die lauwarmen Böden in mehrere Scheiben schneiden, sodass sie zusammenbleiben. Die Artischocken auf Teller legen. Den Eierstich aus der Form stürzen, in kleine gleich große Würfel schneiden und über den Artischocken verteilen. Die Erbsen darübergeben und die Marinade mit einem Esslöffel darüberträufeln. Mit der Minze bestreuen.

Zucchiniblüten auf mediterrane Art

Der vegetarische Sommer-Hit. Bei den Füllungen sind der Fantasie keine Grenzen gesetzt.

Zubereitungszeit:
45 Min.

Die Zucchini von den Blüten schneiden, waschen, abtropfen lassen und in kleine Würfel schneiden. 2 EL Olivenöl in einer Pfanne erhitzen, die Zucchiniwürfel darin bei schwacher Hitze in 2–3 Min. garen, dann salzen und pfeffern. Die Blüten vorsichtig von den Blütenstempeln befreien.

Den Polentagrieß mit 200 ml Wasser in einem kleinen Topf aufkochen, dann offen bei schwacher Hitze 2–3 Min köcheln lassen. 2 EL Olivenöl dazugeben und mit dem Schneebesen unterrühren. Die Polenta salzen und pfeffern, in eine Schüssel geben und kurz abkühlen lassen. Die Zucchiniwürfel dazugeben und untermischen. Die Basilikumblätter waschen und trocken tupfen, 4 Basilikumblätter fein schneiden und unter die Masse rühren. Die Blüten zu höchstens zwei Dritteln mit der Masse löffelweise füllen, dann die Blütenblätter übereinanderlegen (das geht am besten zu zweit – einer hält die Blütenblätter auseinander und der andere füllt).

Die Tomaten waschen, halbieren und die Stielansätze entfernen. Den Knoblauch schälen. 4 EL Olivenöl in einer Pfanne (20 cm Ø) erhitzen, die Blüten, Tomaten und nach Belieben den Knoblauch einlegen, salzen und pfeffern und zugedeckt bei mittlerer Hitze in 2 Min. garen. Die Blüten und Tomaten vorsichtig wenden und zugedeckt weitere 2 Min. garen. Dann etwas Bratensaft über die Blüten gießen.

Die Blüten auf Teller legen, die Tomaten mit der Schnittfläche nach oben dazugeben, die restlichen Basilikumblätter klein zupfen und darüberstreuen. Den restlichen Bratensaft über die Blüten und Tomaten träufeln.

Zutaten für 4 Personen:

8 Zucchiniblüten mit den

6–8 cm langen Zucchini

8 EL Olivenöl

Salz, Pfeffer

120 g Polentagrieß (Instant)

12 Basilikumblätter

4 reife Tomaten

1/2 Knoblauchzehe

(nach Belieben)

Die Zucchiniblüten kann man sehr vielseitig füllen: mit einer vegetarischen Füllung, mit Fisch oder Krustentieren, Innereien oder Hackfleisch.

Paul Fürst

Heimatwein

Wein folgt seinem eigenen Rhythmus. Er gibt dem, der sich mit ihm beschäftigt, die Zeiten vor, entschleunigt das Leben – nicht nur beim Genuss, sondern auch bei der Herstellung. Der Rhythmus des Weins prägt nicht nur die Jahreszeiten, sondern die Jahrhunderte und das Leben ganzer Generationen.

Mein Vater Rudolf hat als Spätheimkehrer 1949 den kleinen elterlichen landwirtschaftlichen Gemischtbetrieb im fränkischen Bürgstadt übernommen. Weniger als ein Hektar Weinbau war nach den Kriegswirren und generationenlanger Realteilung der Grundstücke übriggeblieben. Mit achtzehn Jahren wechselte ich von der Weinbauschule Veitshöchheim an das berühmte Weingut Schloss Johannisberg im Rheingau. Hier produzierte man Riesling in Reinkultur – auf 36 Hektar besten Weinbergen ausschließlich Rieslingreben. Eines Tages schickte man mich nach einer Weinprobe auch zum Probieren: Auslesen, Beerenauslesen und Trockenbeerenauslesen bis hin zu einer 1911er-»Schloss Johannisberger feinsten Auslese«. An diesem Tag begriff ich, wie Riesling schmecken kann.

Nach meiner Lehre begann ich selbst ein kleines Weingut aufzubauen, im nicht mehr sehr intensiv bewirtschafteten Centgrafenberg meines Heimatortes. Es gab dort nur handtuchgroße Parzellen, große Teile des Berges lagen brach, und trotzdem war es sehr schwierig, Weinberge und Land zu kaufen. Doch nach und nach konnten wir schöne Rebstöcke pflanzen und über die Jahrzehnte hinweg die Betriebsfläche aufbauen.

Die Weine, die meine Frau Monika und ich in unserem Weinberg erzeugten und ausbauten (trockener Riesling und Spätburgunder), waren von Anbeginn an sehr gut. Ein Wiesbadener Weinhändler kaufte jeweils 1200 Flaschen Silvaner, Riesling und Spätburgunder des Jahrgangs 1979. So kamen unsere Weine in die Spitzengastronomie. Carl Geisel vom Münchner »Königshof« serviert sie bis heute in seinem Restaurant.

Unser Wein hat sich über Generationen hinweg entwickelt, und heute steht mit meinem Sohn Sebastian der nächste Generationswechsel an. Sebastian stellt extreme Anforderungen an die handwerkliche Kultur von Weinberg und Keller zur Erzeugung von feinsten Spätburgundern. Und Kontinuität zahlt sich aus: Die Weinberge im Centgrafenberg sind mittlerweile in gutem Zustand, Dichtpflanzungen, schwach wachsende Unterlagen, gepflegte Böden, kleintraubige Spätburgunderbestände, hochwertige Kompostbereitung aus Stallmist vom eigenen Betrieb. Der Keller ist gut ausgestattet, unsere Spätburgunderweine lagern in den besten kleinen Holzfässchen.

Im Februar 2004 wagten wir einen neuen Schritt. 15 Kilometer mainabwärts von Bürgstadt liegt das bekannte Rotweinstädtchen Klingenberg. Dort stand ein Weinberg von etwa 1,5 Hektar zum Verkauf. Die Lage ist extrem steil, die Stöcke, der Boden, die Drahtanlagen waren verwahrlost, viele der Trockenmauern eingefallen. Sollten wir diesen Weinberg kaufen? Was geschieht mit diesem heißen Weinberg durch die Klimaverschiebung? Werden die Weine zu alkoholisch? Ist die dort seit langer Zeit angebaute Rebsorte Spätburgunder auf dem Markt überhaupt noch gefragt? Die Aura dieses berühmten Weinbergs hat uns die schwere Entscheidung leichter gemacht. Dieser Kauf war eine persönliche und fachliche Herausforderung für meinen Sohn und mich. Doch die ersten Ergebnisse sind vielversprechend. Wir werden weiterhin die Heimat im Glas pflegen und hoffen auf die nächsten Generationen.

Paul Fürst leitet zusammen mit seinem Sohn Sebastian das Weingut Rudolf Fürst. Er gilt als einer der besten deutschen Winzer. Seine Weine werden von Karl Ederer außerordentlich geschätzt.

Abdruck mit freundlicher Genehmigung des Autors

Heidelbeerpfannkuchen

Beliebtester Pfannkuchen der Kindheit. Mit wilden
Beeren wird er authentischer.

Zubereitungszeit:
40 Min.

Zutaten für 4 Personen:
120 g Mehl
40 g Zucker
1 Prise Salz
4 Bio-Eier
100 ml Milch
120 g Heidelbeeren
20 g Butter
4 Kugeln Vanilleeis
Puderzucker
zum Bestreuen

Für den Teig Mehl, Zucker und Salz in eine
Schüssel geben. Die Eier dazugeben und alles
mit dem Schneebesen zu einem glatten Teig
verrühren. Dann die Milch nach und nach unterrühren. Den Backofen auf 200 °C (Umluft ungeeignet) vorheizen. Die Heidelbeeren verlesen.

Aus dem Teig nacheinander 4 Pfannkuchen
backen. Dafür pro Pfannkuchen 5 g Butter in
einer Pfanne (20 cm Ø) bei mittlerer Hitze
erwärmen. Ein Viertel des Teiges hineingießen
und 1 Min. backen, dann ein Viertel der Heidelbeeren daraufstreuen und weitere 4 Min.
backen. Das Backblech aus dem Ofen nehmen
und den Pfannkuchen auf das warme Blech
rutschen lassen.

Die übrigen Pfannkuchen genauso backen, dann
das Blech mit den Pfannkuchen 2 Min. in den
Backofen (Mitte) schieben. Die Pfannkuchen
auf Teller geben und das Eis daraufsetzen. Die
Pfannkuchen mit Puderzucker bestreuen.

Blätterteig mit Sahne und Himbeeren

Die Franzosen schätzen dieses Dessert besonders. Der flach gebackene Blätterteig ist mit Schlagsahne und Himbeeren eine wunderbare Komposition.

Die Blätterteigplatten nebeneinanderlegen und auftauen lassen. Den Backofen auf 200 °C (Umluft 180 °C) vorheizen. Dann den Blätterteig auf einer Arbeitsfläche ca. 5 mm dick zu einem Rechteck (ca. 20 x 30 cm) ausrollen. Das Blätterteigrechteck auf ein Backblech legen und mit einem Kuchengitter belegen. Im Ofen (Mitte) 6–8 Min. backen. Das Blech aus dem Ofen nehmen, das Kuchengitter abnehmen und den Blätterteig in 8 gleich große Rechtecke schneiden.

Den Mandelgrieß in einer Pfanne ohne Fett bei mittlerer Hitze leicht bräunen. Die kalte Sahne in eine saubere Schüssel geben, mit den Quirlen des Handrührgeräts steif schlagen, dann den Zucker unterrühren.

Die Himbeeren verlesen, wenn nötig, vorsichtig waschen und abtropfen lassen. Jeweils 1 Blätterteigrechteck auf einen Teller legen, die Sahne darauf verteilen, mit den Himbeeren belegen und mit dem gerösteten Mandelgrieß bestreuen. Die restlichen Blätterteigrechtecke jeweils anlegen.

Zubereitungszeit:
45 Min.

Zutaten für 4 Personen:
200 g tiefgefrorener Blätterteig
40 g Mandelgrieß (oder gemahlene Mandeln)
200 g kalte Sahne
40 g Zucker
250 g Himbeeren

Grießflammeris mit Kirschragout

Grieß und Kirschen – wenn das nicht an Heimat erinnert.

Zubereitungszeit:
55 Min.
Kühlzeit: 2–3 Std.

Zutaten für 4 Personen:
Für die Grießflammeris:
200 ml Milch
40 g Zucker
Mark von 1/2 Vanilleschote
40 g Hartweizengrieß
20 g Mandelgrieß (oder
gemahlene Mandeln)
1 Blatt weiße Gelatine
150 g kalte Sahne
Butter für die Förmchen
Für das Kirschragout:
500 g Kirschen
(frische oder tiefgefrorene)
10 g Butter
20 g Zucker
100 ml Portwein

Für die Flammeris die Milch mit dem Zucker und Vanillemark in einem kleinen Topf aufkochen, den Grieß einrühren und bei mittlerer Hitze 3–5 Min. köcheln lassen. Den Herd Mandelgrieß dazugeben und unterrühren. Die Mischung 3–5 Min. köcheln lassen, dann vom Herd nehmen. Die Gelatine in kaltem Wasser einweichen, dann gut ausdrücken und unter die Grießmasse rühren. Die Masse in eine Schüssel füllen und abkühlen lassen.

Die kalte Sahne in eine saubere Schüssel geben, steif schlagen und unter die fast kalte Grießmasse rühren. Vier Förmchen (8 cm Ø) entweder mit Butter ausstreichen oder mit Frischhaltefolie auslegen. Die Grießmasse einfüllen und die Förmchen 2–3 Std. in den Kühlschrank stellen.

Für das Kirschragout die Kirschen entstielen und entkernen (am besten mit einem Entkerner). Die Butter in einer Sauteuse bei mittlerer Hitze erwärmen, den Zucker dazugeben und unter Rühren karamellisieren lassen. Mit dem Portwein ablöschen und 1 Min. kochen lassen. Die Kirschen einlegen und zugedeckt bei kleiner Hitze 2 Min. köcheln lassen. Die Kirschen herausnehmen, den Sud offen kurz einkochen und lauwarm abkühlen lassen, dann mit den warmen Kirschen wieder mischen.

Zum Anrichten die Flammeris auf Teller stürzen.
Dafür die gebutterten Förmchen zuvor kurz in
heißes Wasser halten. Die mit Folie ausgelegten
Förmchen gleich stürzen und die Folie abziehen. Das Kirschragout rundherum verteilen.

Marillenknöderl

Der Nachspeisentraum sämtlicher Bergvölker.
Schon der Marillen wegen lohnt sich eine Reise in
die Wachau. Die echte Marille ist der Aprikose
vorzuziehen.

Den Backofen auf 150 °C vorheizen. Die Kartoffeln waschen, mit Schale in einen Dämpfeinsatz legen und über dem heißen Wasserdampf
30–40 Min. dämpfen. Die Kartoffeln herausnehmen, kurz abkühlen lassen, pellen, auf ein
Blech legen und im heißen Ofen (Mitte) 5–10
Min. ausdämpfen lassen. Dann die Kartoffeln
durch die Kartoffelpresse in eine Schüssel
drücken. Mit Eigelben, Salz und Speisestärke
gut verkneten.

Die Aprikosen waschen, trocken tupfen, aufschneiden und entkernen. 4 kleine oder 2
große Aprikosen klein schneiden, mit Weißwein
in einen kleinen Topf geben und zugedeckt
bei schwacher Hitze in 10 Min. zu einer Sauce
verkochen lassen.

Die Zuckerwürfel in eine kleine Schüssel
geben und mit dem Schnaps beträufeln. Jeweils
1 Zuckerwürfel in 1 aufgeschnittene Aprikose
legen. Den Kartoffelteig in 8 oder 4 Teile portionieren, jede Portion mit mehligen Händen zu

Zubereitungszeit:
1 Std. 10 Min.

Zutaten für 4 Personen:
400 g mehligkochende
Kartoffeln
2 Eigelb
1 Prise Salz
35 g Speisestärke
12 kleine oder 6 große,
reife Aprikosen
100 ml Weißwein
8 oder 4 Würfel Zucker
2 EL Marillenschnaps
15 g Butter
4 EL Semmelbrösel
2 EL Zucker
Mehl zum Arbeiten
1 EL Puderzucker zum
Bestreuen

einem kleinen Fladen formen, die Aprikosen darin einschlagen und mit den Händen rund drehen. 2 l Wasser in einem Topf aufkochen lassen, die Knödel darin zugedeckt bei kleiner Hitze 7–10 Min. köcheln lassen.

Inzwischen die Aprikosensauce durch ein Sieb in einen kleinen Topf passieren und lauwarm halten. Wenn die Sauce zu dünnflüssig ist, nochmals kurz einkochen lassen. Wenn sie zu dickflüssig ist, mit etwas Wasser verdünnen.

Die Butter in einer kleinen Pfanne erhitzen, Semmelbrösel und Zucker darin bei mittlerer Hitze braun rösten. Die Knödel herausnehmen und auf ein Küchentuch legen. Die lauwarme Aprikosensauce auf Teller verteilen, die Knödel daraufsetzen und die Semmelbrösel über die Knödel geben. Mit Puderzucker bestreuen.

Schnee-Eier mit Roten Johannisbeeren und Johannisbeersauce

Johannisbeeren mit Eischnee ist ein Klassiker. Gut zu ergänzen mit Weißen und Schwarzen Johannisbeeren. Alle drei Johannisbeer-Arten schmecken unterschiedlich.

Zubereitungszeit:
1 Std. 25 Min.

Für die Eigelb-Pralinen 150 ml Wasser und den Zucker in einem kleinen Topf einmal aufkochen lassen, dann auf 50–60 °C abkühlen lassen. Für die Schnee-Eier die Eier trennen. Die Eiweiße in eine saubere Rührschüssel geben. 2 Eigelbe in eine Schüssel geben und 4 Eigelbe vorsichtig in das Zuckerwasser legen und bei gleich bleibender Temperatur in 30 Min. garen. Die Eigelbe herausnehmen, trocken tupfen und auf etwas Zucker legen. Den Topf mit dem Zuckerwasser beiseitestellen.

Die Johannisbeeren waschen, abtropfen lassen und von den Stängeln abstreifen. Die Roten Johannisbeeren mit 50 g Zucker in einer kleinen Schüssel verrühren. Die Schwarzen Johannisbeeren in das Zuckerwasser von den Eigelb-Pralinen geben und 3 Min. köcheln lassen, dann vom Herd nehmen und 15 Min. ziehen lassen. Die Schwarzen Johannisbeeren durch ein feines Sieb passieren.

Die Eiweiße und das Salz in einer sauberen Schüssel mit den Quirlen des Handrührgeräts steif schlagen, bis der Eischnee Spitzen zieht. Dann nach und nach 150 g Zucker unterrühren. So bekommt der Eischnee einen schönen Zuckerglanz.

500 ml Wasser in einem Topf (20 cm Ø) auf 70–80 °C erwärmen. Aus dem Eischnee mit zwei Esslöffeln 8 Nocken formen, dabei die Löffel immer wieder in kaltes Wasser tauchen. Die Nocken im Wasser in 3 Min. garen, dann herausnehmen und auf Küchenpapier abtropfen lassen.

Die Johannisbeersauce auf Teller verteilen. Die Schnee-Eier auf den Saucenspiegel setzen und die Roten Johannisbeeren mit einem Löffel darübergeben. Jeweils 1 Eigelb-Praline vorsichtig dazulegen.

Zutaten für 4 Personen:
Für die Eigelb-Pralinen:
10 g Zucker
Zucker zum Arbeiten
Für die Schnee-Eier:
6 Eier
200 g Rote Johannisbeeren
150 g Schwarze
Johannisbeeren (Cassis)
200 g Zucker
1 Prise Salz

Pfirsiche mit Erdbeersauce und Waffeln

Der Duft von frischen Waffeln erreicht den gedeckten Tisch. Man isst immer eine zu viel.

Zubereitungszeit:
50 Min.

Zutaten für 4 Personen:
Für den Waffelteig:
40 g Butter
2 Eier
100 g Mehl
40 g Zucker
100 g Sahne
20 g Butter zum Ausbacken
Für die Pfirsiche:
2 große oder 4 kleine,
reife Pfirsiche
1/2 Zitrone
200 g reife Erdbeeren
20 g Zucker
40 g gehobelte Mandeln
Puderzucker zum Betreuen

Die Butter in einem Topf zerlassen. Die Eier trennen. Die Eigelbe mit dem Mehl und Zucker in einer Schüssel mit dem Schneebesen verrühren. Die flüssige Butter und Sahne unterrühren. Die Eiweiße in einer sauberen Schüssel mit den Quirlen des Handrührgeräts steif schlagen. Den Eischnee unter den Teig heben.

Die Pfirsiche halbieren und die Steine entfernen. Den Saft der Zitrone auspressen. Die Erdbeeren waschen, putzen und halbieren. 150 ml Wasser mit dem Zitronensaft und 20 g Zucker in einem kleinen Topf aufkochen lassen, die Pfirsiche hineinlegen und offen bei kleiner Hitze 5 Min. pochieren. Die Pfirsiche herausnehmen. Die Erdbeeren in den Pfirsichsud legen, 2–3 Min. köcheln lassen und mit dem Pürierstab pürieren. Die Pfirsiche häuten. Die Mandeln in einer Pfanne ohne Fett goldbraun rösten.

Den Backofen auf 50–100 °C vorheizen. Die Butter zum Ausbacken zerlassen. Das Waffeleisen erhitzen. Die Unter- und Oberseite des Waffeleisens mit etwas zerlassener Butter bepinseln. Aus dem Teig nach und nach 4 Waffeln backen. Die fertigen im Ofen warm halten.

Die lauwarme Erdbeersauce auf Teller verteilen, jeweils 1 oder 2 Pfirsichhälften daraufsetzen. Die warmen Waffeln seitlich dazulegen und die Mandeln über die Pfirsiche streuen. Mit Puderzucker bestreuen.

Stachelbeeren mit Quarkomeletts

Mittlerweile eine selten zu findende Frucht
auf dem Markt, mit unverkennbarem Geschmack.

Die Stachelbeeren waschen, abtropfen lassen
und der Länge nach halbieren. Die Eier trennen. Den Quark in eine Schüssel geben, Eigelbe,
Haselnüsse, Speisestärke und 30 g Zucker da-
zuzugeben und mit dem Schneebesen verrühren.

Die Butter bei schwacher Hitze zerlassen und
klären, das heißt aus dem Topf gießen und von
der Molke trennen. Die Eiweiße und das Salz in
einer sauberen Schüssel mit den Quirlen des
Handrührgeräts steif schlagen. Den Eischnee
vorsichtig unter die Quarkmasse heben.

40 g Zucker und den Rotwein in einem kleinen
Topf kurz aufkochen und die Stachelbeeren
darin bei mittlerer Hitze 1 Min. kochen lassen.
Die Stachelbeeren mit einer Schaumkelle aus
dem Sud nehmen, den Sud in 2–3 Min. leicht
dickflüssig einkochen lassen. Die Sauce vom Herd
nehmen und abkühlen lassen. Die Stachelbeeren
wieder in die Sauce geben und untermischen.

Den Backofen auf 180 °C vorheizen. Aus der
Quarkmasse 4 Omeletts backen. Dafür jeweils
1 EL geklärte Butter in einer kleinen Pfanne
(10 cm Ø) erhitzen, ein Viertel der Quarkmasse dazugeben und bei mittlerer Hitze 2 Min.
backen, wenden und 1 Min. backen. Dann herausnehmen und im Ofen warm halten, bis die
Omeletts fertig sind. Die Omeletts auf Teller
legen und das Stachelbeerragout rundherum
anrichten. Mit Puderzucker bestreuen.

Zubereitungszeit:
1 Std.

Zutaten für 4 Personen:
200 g reife Stachelbeeren
4 Eier
200 g Bio-Quark
30 g gemahlene Haselnüsse
30 g Speisestärke
70 g Zucker (oder Honig)
40 g Butter
1 Prise Salz
100 ml Rotwein
Puderzucker
zum Bestreuen

Überbackene Sommerbeeren mit Sorbet

Ein schnelles Dessert – vitaminreich, kalorienarm und mit kulinarischer Logik für die Jahreszeit.

Zubereitungszeit:
45 Min.
Gefrierzeit: 2 Std.

Zutaten für 4 Personen:
Für die Crème pâtissière
150 ml Milch
2 Eigelb
40 g Zucker
1 1/2 EL Mehl
Für das Sorbet:
150 g Zucker
300 ml Fruchtpüree
(aus guten Beeren)
Für die Beeren:
100 g Erdbeeren
80 g Himbeeren
50 g Brombeeren
50 g Weiße oder Rote
Johannisbeeren
100 g Sahne

Für die Crème pâtissière die Milch in einem kleinen Topf aufkochen lassen. Eigelbe, Zucker und Mehl in eine Schüssel geben und mit dem Schneebesen schaumig rühren, die heiße Milch dazugießen und unter die Eigelbmasse rühren. Die Masse wieder in den Topf geben und bei mittlerer Hitze einmal aufkochen lassen, dann in eine Schüssel geben und auskühlen lassen.

Für das Sorbet 300 ml Sirup kochen. Dafür 150 ml Wasser mit dem Zucker in einem Topf einmal aufkochen, dann auskühlen lassen. Den kalten Sirup mit dem Fruchtpüree in einer Metallschüssel vermischen und im Tiefkühlfach in 2 Std. gefrieren lassen. Dann die Masse mit einem Pürierstab zu einem Sorbet rühren. Oder die flüssige Masse in einer Eismaschine in 40 Min. gefrieren lassen.

Die Beeren waschen oder verlesen, trocken tupfen, putzen oder abstreifen und auf tiefe Teller verteilen. Die Sahne in einer sauberen Schüssel mit den Quirlen des Handrührgeräts steif schlagen. Die Crème pâtissière verrühren, die Sahne vorsichtig unterheben und die Crème gleichmäßig auf den Beeren verteilen. Im Backofen (oben) mit Oberhitze (Grillstufe) 2–3 Min. bei offner Ofentüre überbacken. Herausnehmen und das Sorbet dazu servieren.

Süß confierte Tomaten mit Vanilleeis

Warum die Tomate immer nur mit Essig und Öl zubereiten? Sie schmeckt auch anders gut.

500 ml Sirup kochen. Dafür 250 ml Wasser mit dem Zucker in einem Topf einmal aufkochen, dann auskühlen lassen. Die Stielansätze der Tomaten entfernen. Die Tomaten kurz in kochendes Wasser legen, häuten, in ca. 1 cm dicke Scheiben schneiden und in eine feuerfeste Form legen. Die Birne und den Apfel schälen, vierteln und das Kerngehäuse entfernen. Die Ananas schälen und den Strunk herausschneiden. Birne, Apfel und Ananas in ca. 5 mm große Würfel schneiden. Den Saft der Zitronen auspressen. Den Backofen auf 100 °C vorheizen.

Die Vanilleschote längs aufschneiden und das Mark herauskratzen. Mit dem Sirup, Wein und Zitronensaft in die Form gießen. Die Fruchtwürfel, Anissamen, den grünen Pfeffer, Zimt und das Lebkuchengewürz gleichmäßig auf den Tomaten verteilen. Die Minzeblätter darauflegen. Tomaten im Ofen (Mitte, Umluft ungeeignet) in 4 Std. confieren (confieren bedeutet: in Zuckersirup bei niedriger Temperatur garen). Wenn zu viel Flüssigkeit in der Form ist, den Saft abschöpfen und in einem Topf offen bei mittlerer Hitze einkochen lassen, bis er dickflüssig ist. Dann den Saft wieder über die Tomaten gießen. Die Tomaten herausnehmen, auskühlen und am besten einen Tag im Kühlschrank ziehen lassen.

Zum Servieren das Vanilleeis in Dessertschalen verteilen, die Tomatenscheiben dazulegen und etwas dickflüssigen Fond darüberträufeln.

Zubereitungszeit: 30 Min.

Zeit zum Confieren: 4 Std.

Ruhezeit: 1 Tag

Zutaten für 4 Personen:

250 g Zucker

12 Tomaten

1 Birne (ca. 150 g)

1 Apfel (ca. 150 g)

1/2 Ananas (sweet, ca. 300 g)

2 Zitronen

1/2 Vanilleschote

250 ml süßlicher Wein

5 Anissamen

grüner Pfeffer aus der Mühle

1 Stange Zimt

1 TL Lebkuchengewürz

12 Minzeblätter

250 g Vanilleeis

HERBST

Kürbis süßsauer
mit Orangen, Trauben und Maronen

Lauter Produkte, die man kennt und mag – hier aber neu und vegetarisch kombiniert.

Zubereitungszeit:
55 Min.
Kühlzeit: 4 Std.

Zutaten für 4 Personen:
200 g Hokkaido-Kürbis
Salz, Pfeffer
3 EL Weißweinessig
30 g Zucker
2 EL Sonnenblumenkerne
4 Blatt weiße Gelatine
2 Orangen
12 Maronen
100 g kleine,
kernlose Trauben
2 EL Balsamessig

Den Kürbis schälen und in ca. 1 cm große Würfel schneiden. Die Kürbiswürfel in einen Topf geben, mit Wasser bedecken, dann salzen und pfeffern. Den Essig und Zucker dazugeben und alles bei mittlerer Hitze in 10 Min. garen. Inzwischen die Sonnenblumenkerne grob hacken und die Gelatine in kaltem Wasser einweichen. Die Gelatine ausdrücken und mit den Sonnenblumenkernen unter den Kürbis mischen. Die Kürbismasse in eine Kastenform (20 cm Länge) füllen und 4 Std. in den Kühlschrank stellen, bis sie schnittfest ist.

Mit einem kleinen Messer die Schale von den Orangen schneiden, die Fruchtfilets herausschneiden, dabei den Saft auffangen bzw. ausdrücken. Den Orangensaft in einem kleinen Topf aufkochen, dann offen bei mittlerer Hitze in 2 Min. auf ein Drittel der Menge einkochen lassen.

Den Backofen auf 200 °C vorheizen. Die Schale der Maronen einritzen. Die Maronen auf ein Blech geben und im Ofen (Mitte) 8–10 Min. rösten, bis die Schale aufspringt. Herausnehmen, etwas abkühlen lassen und die Schale entfernen. Dann im Ofen warm halten.

Die Trauben waschen und abzupfen, große Trauben halbieren. Die Kürbismasse aus der Form stürzen und vorsichtig mit einem Sägemesser in Scheiben schneiden. Die Scheiben in die Mitte der Teller legen, die Orangenfilets, Trauben und Maronen drum herumlegen. Den Essig mit dem eingekochten Orangensaft verrühren, nochmals kurz erwärmen und in dünnen Fäden darüberträufeln.

Rote-Bete-Salat
mit Apfel, Avocado und Kalbsbries

Nicht jeder mag Bries. Geflügel ist die beste Alternative. Die Spannung liegt in der Sinnlichkeit des Essens: Avocado ist weich, der Apfel ist bissfest – das Ganze mit einem Hauch Asien.

Die Roten Beten ungeschält in einen Topf mit Wasser geben, das Wasser salzen und pfeffern. Die Roten Beten zugedeckt bei mittlerer Hitze in 45 Min. weich garen, dann herausnehmen und abkühlen lassen. Die Roten Beten schälen und in ca. 1 cm große Würfel schneiden. Den Saft der Zitrone auspressen. Drei Viertel des Saftes mit 3 EL Rapsöl in einer kleinen Schüssel verrühren. Die Roten Beten mit der Hälfte der Marinade anmachen, salzen und pfeffern.

Das Kalbsbries gleichmäßig in kleine Würfel schneiden. Den Apfel waschen, vierteln, entkernen und in ca. 1 cm große Würfel schneiden. Die Avocado schälen und ebenfalls ca. 1 cm groß würfeln. Den Joghurt mit der Wasabipaste und dem restlichen Zitronensaft in einer kleinen Schüssel verrühren (die Creme sollte dickflüssig sein). Koriander waschen und trocken

Zubereitungszeit:
1 Std. 10 Min.

Zutaten für 4 Personen:
200 g Rote Bete
Salz, Pfeffer
1 Zitrone
4 EL Rapsöl
200 g Kalbsbries (ersatzweise Geflügelfleisch)
200 g Apfel
200 g Avocado
4 EL Joghurt
1 TL Wasabi (aus der Tube)
2 Stängel Koriandergrün

tupfen, die Blätter fein schneiden. Zuerst die Roten Beten, dann die Apfelwürfel und zuletzt die Avocadowürfel auf flache Teller geben.

Das restliche Rapsöl in einer kleinen Pfanne erhitzen, die Brieswürfel darin bei starker Hitze 1 Min. braten. Die Brieswürfel herausnehmen und auf den Salat geben. Die restliche Marinade mit einem Löffel über die Brieswürfel träufeln. Die Wasabicreme um den Salat herum verteilen. Mit Koriander bestreuen.

Rieslingkraut mit Specknockerln

Das moderne Sauerkraut – so ist es bekömmlicher, und man schmeckt den guten Wein. Viele kennen das Gericht anders – vom Skifahren in Tirol.

Zubereitungszeit:
1 Std.

Zutaten für 4 Personen:
400 g Weißkraut
4 Semmeln (2–3 Tage alt)
60–80 g Zwiebeln
40 g durchwachsener Speck
20 g Rosinen
1/2 Bund Petersilie
40 g Butter
Salz, Pfeffer
100 ml Milch
2 Eier
200 ml trockener Weißwein (z. B. Riesling)

Das Weißkraut vierteln, den Strunk herausschneiden und das Weißkraut in feine Streifen schneiden. Die Semmeln fein schneiden und in eine Schüssel geben. Die Zwiebeln schälen und in kleine Würfel schneiden. Den Speck ebenfalls klein würfeln Die Rosinen fein hacken. Die Petersilie waschen und trocken tupfen, die Blätter fein schneiden.

20 g Butter in einer Sauteuse bei mittlerer Hitze zerlassen, die Hälfte der Zwiebeln darin kurz anschwitzen. Den Speck dazugeben, salzen und pfeffern. Die Milch dazugießen, aufkochen lassen und über die Semmeln gießen. Alles vermischen. Die Eier, Petersilie und Rosinen dazugeben und die Mischung verkneten. Den Nockerlteig 15–30 Min. ziehen lassen.

1 l Wasser in einem breiten Topf aufkochen lassen und salzen. Aus dem Nockerlteig mit einem
Esslöffel 8 Nockerln abstechen. Die Nockerln
mit der Hand formen, in das schwach kochende Wasser einlegen und zugedeckt bei mittlerer Hitze in 5–7 Min. garen.

Inzwischen 20 g Butter in einer Sauteuse bei
mittlerer Hitze zerlassen, die restlichen Zwiebeln darin kurz anschwitzen. Die Weißkraut-
streifen dazugeben, salzen, pfeffern und 2 Min.
mit anschwitzen. Den Wein dazugießen und das
Kraut in 5–7 Min. garen, bis der Wein verkocht
ist. Das Kraut auf Teller geben. Die Speck-
nockerln mit der Schaumkelle herausnehmen
und ohne Flüssigkeit auf dem Kraut anrichten.

Der Wein muss unbedingt
verkochen, damit das
Kraut einen wunderbaren
Weingeschmack bekommt.

Schwammerl in Rahm mit Semmelknödel

Da schlägt das Herz der Bayern und
aller Genießer höher.

Zubereitungszeit:
1 Std.

Zutaten für 4 Personen:
4 Semmeln
100 ml Milch
1 kleine Zwiebel
40 g Butter
1 Bund Petersilie
4 Bio-Eier
Salz, Pfeffer
400–500 g Waldpilze
(z. B. Maronen, Pfifferlinge,
Steinpilze, Rotkappen,
diverse Röhrlinge)
200 g Sahne

Die Semmeln fein schneiden und in eine Schüssel geben. Die Milch erhitzen und darübergießen. Die Zwiebel schälen und in feine Würfel schneiden. 10 g Butter in einem Topf erhitzen, die Hälfte der Zwiebeln darin glasig anschwitzen und zu den Semmeln geben. Die Petersilie waschen und trocken tupfen, die Blätter fein schneiden. Die Hälfte der Petersilie und die Eier zu den Semmeln geben. Die Mischung salzen, pfeffern und verkneten. Etwas ziehen lassen.

Die Pilze putzen und mit einem feuchten Tuch abreiben (nur wenn nötig waschen). Die Pilze je nach Form halbieren, vierteln oder sechsteln. 30 g Butter in einem flachen, breiten Topf erhitzen, die restlichen Zwiebelwürfel darin bei mittlerer Hitze anbraten. Die Pilze dazugeben, salzen, pfeffern und 2–3 Min. vorsichtig schwenken. Die Sahne dazugießen und offen bei mittlerer Hitze 2–3 Min. kochen lassen.

Inzwischen 1 l Wasser aufkochen lassen und salzen. Aus dem Knödelteig mit den Händen 8 kleine Knödel (ca. 4 cm Ø) formen und in das schwach kochende Wasser einlegen. Die Knödel zugedeckt bei mittlerer Hitze in 5–7 Min. garen.

Die Pilze mit Salz und Pfeffer abschmecken, die restliche Petersilie untermischen und in tiefen Tellern anrichten. Die Knödel mit einer Schaumkelle herausnehmen und ohne Flüssigkeit auf den Pilzen anrichten.

Kartoffelmaultaschen mit Sauerkraut und Apfelspalten

Die süddeutsche Maultaschen-Tradition bietet viele unterschiedliche Möglichkeiten für die Füllung. In diesem Fall handelt es sich um eine bescheidene ländlich-vegetarische Variante.

Die Kartoffeln waschen, in einen Topf mit Wasser geben und je nach Größe in 25–35 Min. weich garen. Dann herausnehmen und etwas ausdämpfen lassen. Die Kartoffeln pellen und durch eine Kartoffelpresse in eine Schüssel drücken. Die Eigelbe und 2 EL Mehl dazugeben, salzen, pfeffern und alles vermischen. Die Kartoffelmasse in 8 gleich große Portionen teilen. Jede Portion mit etwas Mehl ca. 5 mm dick ausrollen und mit Sauerkraut belegen. Die Seiten so einschlagen, dass 8 rechteckige Taschen entstehen.

Den Backofen auf 200 °C vorheizen. Die Butter in einer Bratreine zerlassen und die Maultaschen nebeneinander hineinsetzen. Die Maultaschen im Ofen (Mitte) 5 Min. braten. Inzwischen den Apfel waschen, vierteln, entkernen und in ca. 1 cm dicke Spalten schneiden. Die Apfelspalten seitlich in die Bratreine legen und 3 Min. mitgaren.

Inzwischen den Sauerrahm und die Eier in einer Schüssel verrühren. Die Mischung salzen, pfeffern und auf den Maultaschen verteilen. Die Maultaschen weitere 5 Min. braten, bis der Sauerrahm stockt und die Oberfläche braun ist. Zum Servieren die Bratreine mit einer Küchenschaufel zum Herausnehmen auf den Tisch stellen.

Zubereitungszeit:
1 Std. 5 Min.

Zutaten für 4 Personen:
250 g mehligkochende Kartoffeln
2 Eigelb
2 EL Mehl
Salz, Pfeffer
120 g Sauerkraut (aus dem Beutel)
20 g Butter
1 kochfester Apfel (z. B. Elstar)
4 EL Sauerrahm
2 Eier
2 EL Mehl zum Arbeiten

Pichelsteiner mit Lamm und Rinderlende

Aus dem klassischen Eintopf wird ein feines Gericht. Die getrennte Zubereitung des Fleisches fördert den differenzierten Eigengeschmack.

Zubereitungszeit:
1 Std. 15 Min.

Zutaten für 4 Personen:
4 mittelgroße Kartoffeln
1 Karotte
1 Zwiebel
120 g Knollensellerie
1 kleine Stange Lauch
200 g Weißkraut
1 Bund Petersilie
300 g Schweineschulter oder Hals
1 Lammkarree (ca. 250 g)
4 EL Rapsöl
Salz, Pfeffer
500 ml Fleischbrühe
250 g Rinderlende
1/4 TL Kümmelsamen

Die Kartoffeln schälen und in mundgerechte Stücke schneiden. Das Gemüse putzen, waschen und ebenfalls in gleichmäßig große Stücke schneiden. Die Petersilie waschen und trocken tupfen, die Blätter fein schneiden. Das Schweinefleisch in mittelgroße Würfel schneiden. Vom Lammkarree die Sehnen und das Fett entfernen, die Knochen ca. 2 cm weit frei putzen.

3 EL Rapsöl in einem breiten Topf erhitzen, das Schweinefleisch und die Zwiebel darin 2 Min. anbraten. Das Fleisch salzen und pfeffern, die Brühe oder Wasser dazugießen und alles zugedeckt bei mittlerer Hitze 15 Min. kochen lassen. Die Kartoffeln, Karotte und den Sellerie dazugeben und 15 Min. mitgaren. Den Backofen auf 200 °C (Umluft 180 °C) vorheizen. Den Lauch und das Weißkraut ebenfalls in den Topf geben und das Gemüse weitere 15 Min. kochen lassen.

Inzwischen das restliche Rapsöl in einer Bratreine erhitzen, das Lammkarree darin in 2 Min. rundum anbraten, dann im Ofen (Mitte) je nach Stärke in 5–7 Min. rosa braten. Die Rinderlende am Stück in den Topf zum Gemüse geben und zugedeckt 4–5 Min. mitgaren, dann herausnehmen. Den Kümmel hacken. Den Eintopf mit Kümmel und Petersilie abschmecken und auf Teller verteilen. Die Lende und das Lammkarree schräg in Scheiben schneiden und dekorativ auf dem Eintopf anrichten.

Gebratener Blumenkohl
mit roh marinierter Rinderlende

Blumenkohl ist besser als sein Ruf, aber die deutsche Küche hat ihn gerne weich gekocht und in Sauce ertränkt. Lieber roh braten, und auf einmal schmeckt er wieder.

Den Blumenkohl putzen, waschen und in gleichmäßig kleine Röschen teilen. Die Kresseblätter abzupfen und kühl stellen. Die Rinderlende in hauchdünne Scheiben schneiden und zum Marinieren nebeneinander in eine Form legen.

Die Senfkörner erst in einem Mörser fein zerstoßen, dann in eine kleine Schüssel geben. Das Rapsöl und den Essig dazugeben und alles mit einem Schneebesen verrühren. Die Marinade mit einem Pinsel auf das Fleisch streichen. Das Fleisch salzen, pfeffern und wenden. Die andere Fleischseite mit der Marinade bepinseln und mit Salz und Pfeffer würzen. Das Fleisch mindestens 5 Min. marinieren lassen.

Inzwischen die Butter in einer Pfanne erhitzen, den Blumenkohl darin bei mittlerer Hitze 3–5 Min. braten, bis er etwas Farbe annimmt. Den bissfesten Blumenkohl auf Teller legen, die marinierten Fleischscheiben dazulegen und mit den Kresseblättern garnieren.

Zubereitungszeit:
45 Min.

Zutaten für 4 Personen:
1 kleiner Blumenkohl
(ca. 300 g)
80–100 g Brunnenkresse
200 g Rinderlende am
Stück
1 EL Senfkörner
4 EL Rapsöl
2 EL weißer Balsamessig
Salz, Pfeffer
20 g Butter

Statt der Brunnenkresse kann man andere Kressesorten verwenden. Auch Rucola schmeckt gut dazu. Dann 2 kleine Bund Rucola waschen, trocken schleudern und bis zum Garnieren kühl stellen.

Josef Bierbichler

*Macht Heimat sentimental?
Oder nur, wenn sie
mit Quadratmetern
verbunden ist?*

Ich lebe in meinem Geburtshaus und betrete fast täglich das Zimmer, in dem das Wochenbett meiner Mutter stand. Ich sehe aus dem Fenster auf die Wiesen, die ich zwanzig Jahre lang mit ihr und meinem Vater zusammen bewirtschaftet habe. Mir gehört ein Teil der landwirtschaftlichen Flächen, die meinen Eltern den Lebensunterhalt gesichert und so auch mich ernährt haben. Ich sehe das ganze Jahr die Landschaft, die ich immer noch anführe als Antwort auf die Frage, was mich geprägt hat – wenn auch nicht mehr mit der früheren Ausschließlichkeit. Ich war lange der Ansicht, das mich zuallererst das Land und die ursprüngliche Umgebung geformt haben und nicht andere Menschen. Mittlerweile komme ich nicht mehr daran vorbei, mich auch auf ein paar Menschen zu berufen. Und wenn ich mich heute heimatlos fühle, was gelegentlich vorkommt, so sind es Menschen, die mir fehlen – entweder, weil sie vorübergehend abwesend sind oder ich sie gerade für immer verloren habe, oder aber Menschen, die mir noch nicht begegnet sind, die mir vielleicht auch nie mehr begegnen werden, von denen ich aber eine verschwommene Vorstellung habe, nach denen es eine immer wieder anfallsartige auftretende Sehnsucht gibt.

Ich gehe davon aus, dass das eine Sehnsucht nach eigener Vervollkommnung ist. Die Sehnsucht gilt einer noch nicht gefundenen Heimat, wogegen Haus und Hof immer weniger fehlen, wenn ich in der sogenannten Fremde weile und da mit Menschen zusammentreffe, zu denen ich, und sei es vorübergehend, einen Bezug herstellen kann. Trotzdem ist jeder Raum des Hauses und jede Wiese, jedes Waldstück mit Erinnerungen verbunden. So scheint Heimat auch Erinnerung zu sein. Aber auch das kommt mir jetzt, da es ausgesprochen ist, wie unvollständig und nicht genau getroffen vor. So als ob die Sprache eine Festlegung erzwungen hätte, wo es keine Eindeutigkeit gibt. Die Sprache klingt anders, wenn mit ihr die Erinnerungen an Orte beschrieben werden, die unter Zwang aufgegeben werden mussten. Hier fehlt mir glücklicherweise die Erfahrung.

Josef Bierbichler war früher Landwirt und hat Kartoffeln und Abfälle in Schweinefleisch transformiert. Später hat er einen Koch auf der Bühne gegeben. Der hieß Koch und das Stück hieß »Mutter Courage«. Heute ist er nur noch Gast.

Abdruck mit freundlicher Genehmigung des Autors

Blaukrautstrudel mit gekochter Rinderbacke

Ob Blaukraut oder Rotkohl, zu viel auf dem Teller
verfärbt das ganze Gericht. Im knusprigen Strudel ist
es köstlich und genügt als Beilage.

Zubereitungszeit:
2 Std. 5 Min.
Marinierzeit: über Nacht

Zutaten für 4 Personen:
1 kleiner Kopf Blaukraut
(Rotkohl; 250–300 g)
Salz, Pfeffer
2 EL Rotweinessig
200 ml Rotwein
1 Zwiebel
1 kleine Karotte
40 g Lauch
40 g Staudensellerie
500 g Rinderbacken
4 EL Rapsöl
1 Nelke
20 g Zucker
1 TL Speisestärke
1 Stück frischer
Meerrettich
4 Blätter Filoteig
(à ca. 10 x 20 cm; aus dem
griechischen oder türki-
schen Lebensmittelladen)

Am Vortag das Blaukraut vierteln, die äußeren
Blätter entfernen und den Strunk herausschneiden. Die Viertel in sehr feine Streifen
schneiden und in eine Schüssel geben. Die
Krautstreifen salzen und pfeffern, mit Essig und
Rotwein begießen und zugedeckt über Nacht
marinieren lassen.

Am nächsten Tag die Zwiebel mit der Schale
erst halbieren. Eine Hälfte schälen und klein
würfeln, die andere Hälfte mit Schale beiseitelegen. Die Karotte schälen. Den Lauch und
Staudensellerie putzen und waschen. Die Rinderbacken in einen großen Topf geben, mit
ca. 1,5 l Wasser bedecken, dann salzen und
pfeffern. Alles bei mittlerer Hitze aufkochen
lassen, dabei immer wieder den Schaum mit
einer Schaumkelle abschöpfen.

Inzwischen 1 EL Rapsöl in einer kleinen Pfanne
erhitzen, die Zwiebelhälfte mit Schale darin mit
der Schnittfläche nach unten braun anbraten,
dann mit dem Gemüse in den Topf zu den Rinderbacken geben. Alles zugedeckt bei mittlerer
Hitze in 60–75 Min. garen, sodass ein guter
Fond entsteht.

Für den Strudel das Kraut in einem Sieb
abtropfen lassen, dabei die Marinade auffangen.
1 EL Rapsöl in einem Topf erhitzen, die Zwiebelwürfel darin kurz anschwitzen. Die Kraut-

streifen dazugeben und bei mittlerer Hitze kurz
mitbraten. Die Marinade, Nelke, den Zucker,
Salz, Pfeffer und 200 ml Wasser dazugeben. Das
Kraut zugedeckt in 45 Min. weich garen, dabei
immer wieder umrühren. Wenn noch viel Flüssigkeit im Topf ist, diese offen etwas einkochen
lassen. Die Speisestärke mit 2 EL Wasser
anrühren und zum Binden unter das Kraut
rühren. Das Kraut abkühlen lassen. Den Meerrettich schälen und in Wasser stellen, damit er
fest wird und sich reiben lässt.

Die Filoteigblätter nebeneinanderlegen. Das
Kraut ohne Flüssigkeit auf den Teigblättern
verteilen. Jedes Teigblatt zu einem Strudel
(ca. 10 cm lang und 2–3 cm Ø) aufrollen. Das
restliche Rapsöl in einer Pfanne erhitzen, die
Teigrollen darin bei starker Hitze braten, bis
sie braun und knusprig sind.

Die Rinderbacken aus dem Fond nehmen und
in gleich große Scheiben schneiden. Das Sup-
pengemüse ebenfalls herausnehmen und in
kleine Stücke schneiden. Den Fond entfetten,
mit Salz und Pfeffer abschmecken. Mit dem
Gemüse extra in Suppentassen servieren. Den
Strudel und das Fleisch auf Tellern anrichten.
Dann nochmals salzen und pfeffern, den Meerrettich darüberreiben.

Kräuter wie Schnittlauch,
Petersilie oder Liebstöckel
passen gut dazu.

Gulasch von der Rinderwade

Das gute Fleisch, das intensive Paprikapulver und die richtige Temperatur prägen dieses Balkan-Gericht.

Zubereitungszeit:
I Std. 45 Min.

Zutaten für 4 Personen:
600–800 g Rinderwade
(beste Qualität!)
200 g Zwiebeln
4 Knoblauchzehen
2 kleine Zweige Majoran
50 ml + einige Tropfen
Rapsöl
2 EL edelsüßes
Paprikapulver
(beste Qualität!)
2 EL Rotweinessig
Salz, Pfeffer
abgeriebene Schale von
1/4 Bio-Zitrone
ca. 10 Kümmelsamen

Die Rinderwade in mundgerechte Stücke (à 20–30 g) schneiden. Die Zwiebeln schälen, halbieren und in feine Streifen schneiden. Den Knoblauch schälen und der Länge nach halbieren, wenn nötig, den inneren Trieb entfernen. Den Majoran waschen und trocken tupfen, die Blätter abzupfen.

50 ml Rapsöl in einem guten, breiten Topf (am besten aus Gusseisen) bei kleiner Hitze erwärmen. Die Zwiebeln darin in 3–4 Min. anschwitzen, aber kaum bräunen. Die Temperatur auf mittlere Hitze erhöhen. Das Fleisch dazugeben, mit Paprikapulver bestreuen, alles mischen und das Fleisch 5 Min. anschwitzen. Mit dem Essig ablöschen und 200 ml Wasser dazugießen. Das Fleisch salzen, pfeffern und zugedeckt bei kleiner Hitze 30 Min. köcheln lassen, dabei immer wieder umrühren. Wenn nötig, Wasser in kleinen Mengen nachgießen.

Eine extra Bindung der Sauce ist nicht nötig, die Zwiebeln sorgen dafür. Als Beilage passen sehr gut gekochte Kartoffeln, Gnocchi, Bandnudeln oder Nudelflecken dazu.

Inzwischen für das Gulaschgewürz den Knoblauch mit der Zitronenschale, dem Kümmel, Majoran, etwas Salz und einigen Tropfen Rapsöl mischen und mit einem großen Messer fein hacken. Dann das Fleisch damit würzen und bei kleiner Hitze in weiteren 20–30 Min. garen, bis es weich und zart ist.

Tafelspitz im Weißkrautmantel

Vor allem in Bayern und Österreich ist der Tafelspitz ein traditionelles Gericht. Das Fleisch stammt aus der Keule vom Rind. Die Variante mit Weißkraut ist eine ideale Verwertung von übrig gebliebenem Tafelspitz mit einer neuen eigenen Note.

Den Tafelspitz in einen ausreichend großen Topf geben und mit kaltem Wasser bedecken. Das Wasser salzen, pfeffern und aufkochen lassen. Sobald es kocht, den Schaum mit einer Schaumkelle abschöpfen. Das Bouquet garni dazugeben und das Fleisch bei kleiner Hitze in 45 Min. weich garen.

Inzwischen die Krautblätter waschen, putzen und in kochendem Wasser 1–2 Min. blanchieren. Dann herausnehmen und auf einem sauberen Küchentuch ausbreiten. Die Zwiebeln schälen und in feine Würfel schneiden. Die Pilze putzen, mit einem feuchten Tuch abreiben (nur wenn nötig waschen) und gleichmäßig klein schneiden. Die Petersilie waschen und trocken schütteln, die Blätter abzupfen.

30 g gesalzene Butter in einem Topf schmelzen lassen, die Zwiebeln darin bei mittlerer Hitze

Zubereitungszeit:
1 Std. 15 Min.

Zutaten für 4 Personen:
700–800 g Tafelspitz
Salz, Pfeffer
1 Bouquet garni (z. B. je
1 Zwiebel, Karotte, 1 Stück
Lauch und Knollensellerie)
8 Weißkrautblätter
(oder Spitzkrautblätter)
2 kleine weiße Zwiebeln
300 g gemischte Pilze
(z. B. Steinpilze, Maronen,
Totentrompeten,
Herbsttrompeten)
1 Bund glatte Petersilie
80 g gesalzene Butter
4 EL Erbsen
(frisch oder tiefgefroren)

weich dünsten. Die Pilze dazugeben und 2 Min.
mitgaren. Die Pilze mit Salz und Pfeffer würzen,
dann abkühlen lassen.

Das Fleisch aus der Brühe nehmen und in ca.
1 cm dicke Scheiben schneiden. Je 1 Scheibe
Fleisch auf jeweils 1 Krautblatt legen, mit den
Pilzen bestreichen und die Blätter darüber
einschlagen.

20 g gesalzene Butter in einer breiten Pfanne
erhitzen, den Tafelspitz darin bei mittlerer Hitze
auf jeder Seite in 1 Min. leicht Farbe annehmen
lassen. Dann 200 ml Brühe vom Tafelspitz und
die Erbsen dazugeben, salzen und pfeffern und
alles zugedeckt bei kleiner Hitze 2 Min. köcheln
lassen. Die restliche gesalzene Butter unterschwenken und Petersilie dazugeben. Auf
Tellern anrichten. Dazu passen Bratkartoffeln.

Kalbszunge gekocht mit Kohlrabi à la Crème

Die Zartheit der gekochten Zunge und der cremige
Kohlrabi ergeben eine wunderbare deutsche Einheit.

Zubereitungszeit:
1 Std. 45 Min.

Die Petersilie und die kleinen Kohlrabiblätter
waschen, trocken tupfen und die Petersilienblätter abzupfen. Die Kalbszungen in einen Topf
geben. 1,5 l Wasser, Salz, Pfefferkörner, Lorbeerblatt und Petersilienstängel dazugeben. Die
Zungen darin bei mittlerer Hitze in 1 Std.
weich garen, dabei den Schaum mit einer
Schaumkelle immer wieder abschöpfen. Lässt
sich die Zungenspitze durchdrücken, ist die
Zunge gar. Die Zungen herausnehmen und kurz
in kaltem Wasser abkühlen, dann die Haut

abziehen. Die Zungen in ca. 1 cm dicke Scheiben schneiden, in eine Pfanne legen, mit etwas
Zungensud übergießen und beiseitestellen.

Die Kohlrabi schälen, zuerst in ca. 1 cm dicke
Scheiben, dann in Stäbchen schneiden. Die
Schalotte und Karotte schälen. Die Schalotte
halbieren und in Streifen schneiden. Die Karotte in feine Scheiben schneiden. Die Schalotten,
Karotten und Kohlrabi in einen kleinen Topf
geben, salzen und pfeffern. Mit Zungensud
knapp bedecken und zugedeckt bei mittlerer
Hitze 3 Min. kochen lassen. Die Sahne dazugießen und offen 2 Min. weiterkochen.
Dann nur die Sauce in einen anderen Topf
gießen, offen bei mittlerer Hitze einkochen
lassen, bis sie dickflüssig ist. Die Sauce mit
einem Pürierstab durchmixen und wieder zum
Gemüse geben.

Die Zungenscheiben in der Pfanne in 3 Min.
erwärmen. Die Petersilien- und Kohlrabiblätter
fein schneiden. Das Gemüse mit Salz und
Pfeffer abschmecken und auf Teller geben. Die
Zungenscheiben ohne Sud dekorativ dazulegen.
Mit Petersilie und Kohlrabiblättern bestreuen.
Als Beilage passen sehr gut kleine gekochte
Kartoffeln dazu.

Zutaten für 4 Personen:
1 Bund Petersilie
4 mittelgroße Kohlrabi
(à 50–80 g; mit kleinen
Blättern)
500 g Kalbszunge (am
besten 2 kleine à ca. 250 g)
Salz
1 TL schwarze Pfefferkörner
1 Lorbeerblatt
1 Schalotte
80–100 g Karotte
Pfeffer
200 g Sahne

Hühnerfrikassee

....

Dieses Gericht berührt uns. Unsere Mütter haben
es häufig zubereitet, am Sonntag oder wenn ein
Familienmitglied krank war. Doch die Massen-
hühnerhaltung hat ihm den Geschmack geraubt.
Deshalb nur ein Freilandhuhn wählen.

Zubereitungszeit:
2 Std. 15 Min.

Zutaten für 4 Personen:
1 Freilandhuhn (1,2–1,5 kg;
beste Qualität!)
2 Karotten (à ca. 80 g)
1/2 Knolle Knollensellerie
(ca. 150 g)
1 Stange Lauch (ca. 150 g)
Salz
1 TL schwarze
Pfefferkörner
2 Schalotten
20 g Butter
2 EL Mehl
Pfeffer
100 g Sahne
100–120 g mittelgroße
Champignons (ca. 12 Stück)
2 EL Rapsöl
1 Bund Schnittlauch

Das Huhn ausnehmen, innen und außen mit
Küchenpapier säubern. Die Brüste vorsichtig
herausschneiden, dabei die Flügelknochen am
Huhn lassen. Die Karotten und den Sellerie
schälen. Den Lauch putzen und waschen.

Das Huhn (ohne die Brüste) in einen passenden Topf geben, mit ca. 2 l Wasser bedecken
und aufkochen lassen, dabei den Schaum mit
einer Schaumkelle abschöpfen. Dann Salz und
Pfefferkörner dazugeben und alles bei mittlerer
Hitze 15 Min. kochen lassen. Gemüse dazugeben und bei schwacher Hitze 35–45 Min.
mitkochen, sodass ein guter Fond entsteht.
Den Topf vom Herd nehmen.

Für die Sauce die Schalotten schälen, vierteln
und mit der Butter in einem kleinen Topf bei
mittlerer Hitze leicht anschwitzen. Das Mehl
dazugeben und bei schwacher Hitze 15 Min.
anschwitzen (die Schalotten dürfen nicht bräunen), dann 500 ml Hühnerfond dazugießen.
Die Sauce salzen, pfeffern und offen bei kleiner
Hitze weitere 30 Min. köcheln lassen. Dabei
immer wieder umrühren, damit die Schalotten
nicht am Topfboden anlegen. Die Sahne dazugeben und offen köcheln lassen, bis die Sauce
cremig ist.

Inzwischen die Champignons putzen und mit Küchenpapier abreiben. Das Huhn aus dem Topf nehmen und das Fleisch von den Knochen lösen. Das Rapsöl in einer kleinen Pfanne erhitzen, die Hühnerbrüste darin bei mittlerer Hitze 8–10 Min. anbraten, bis sie etwas Farbe annehmen.

Das abgelöste Hühnerfleisch und die Champignons in die Sauce geben, kurz aufkochen und mit Salz und Pfeffer abschmecken. Das Gemüse aus dem Fond nehmen, in Stücke schneiden und in einem Topf mit etwas Fond erwärmen. Den Schnittlauch waschen, trocken tupfen und in ca. 1 cm lange Stücke schneiden. Das Frikassee in die Mitte der Teller geben, das Gemüse dekorativ dazulegen. Die Hühnerbrüste schräg in ca. 1 cm dicke Scheiben schneiden und darauflegen. Mit Schnittlauch bestreuen.

Die Qualität des Huhnes ist für das Gelingen des Gerichtes sehr entscheidend! Als Beilage passen sehr gut goldbraun gebratene Fingernudeln dazu.

Fasanenbrust im Schweinenetz
mit Weißkraut und Kartoffelpüree

Und so essen Sie nie mehr einen trockenen Fasan!
Hier trifft das edle Wildgeflügel seine Lebens-
umgebung vom Feld auf dem Teller wieder: Kraut
und Kartoffeln.

Zubereitungszeit:

1 Std. 50 Min.

Zutaten für 4 Personen:

2 Fasane

Salz, Pfeffer

1 Karotte

1 Zwiebel

50–75 g Knollensellerie

1/2 Stange Lauch

2 EL Rapsöl

200 ml Rotwein

250 g Weißkraut

400 g mehligkochende
Kartoffeln

1 Eiweiß

200 g Sahne

200 g Schweinenetz (beim
Metzger vorbestellen)

2 große Spinat- oder
Weißkrautblätter

40 g Butter

250 ml Weißwein
(z. B. Riesling)

frisch geriebene
Muskatnuss

150 ml Milch

Die Fasanenbrüste auslösen und enthäuten. Die
Keulen auslösen und am Gelenk durchschneiden. Die oberen Keulen enthäuten, das Fleisch
vom Knochen lösen, in kleine Stücke schneiden, salzen, pfeffern und kalt stellen. Die unte-
ren, sehr sehnigen Keulenstücke (Ständer) mit
den Knochen klein hacken. Karotte, Zwiebel
und Sellerie schälen, den Lauch putzen und
waschen. Die Zwiebel und das Gemüse in ca.
1 cm große Würfel schneiden.

Für die Sauce das Rapsöl in einer Pfanne erhitzen, die Knochen darin kurz anrösten. Das
Gemüse dazugeben und mit anrösten, bis alles
gut gebräunt ist. Dabei mehrmals mit insgesamt
100 ml Wasser ablöschen. Dann den Rotwein
dazugießen und alles zugedeckt bei kleiner
Hitze 30 Min. kochen lassen. Den Backofen
auf 200 °C (Umluft 180 °C) vorheizen.

Die äußeren Blätter vom Weißkraut entfernen.
Das Kraut waschen, halbieren und den Strunk
herausschneiden. Das Weißkraut in feine Streifen schneiden. Die Kartoffeln waschen und mit
Schale je nach Größe in 25–35 Min. weich
garen. Die Pellkartoffen im heißen Backofen
ausdämpfen lassen.

Für die Farce die Fleischstücke der Keulen in
der Küchenmaschine fein zerkleinern, das Eiweiß dazugeben und unterarbeiten. Dann nach
und nach 50 g Sahne dazugeben und jeweils mit
der Küchenmaschine unterarbeiten, bis die Sahne aufgebraucht ist. Die Farce beiseitestellen.

Das Schweinenetz unter kaltem, leicht laufen-
dem Wasser wässern. Die Fasanenbrüste mit
Salz und Pfeffer würzen, die Innenseite mit der
Farce bestreichen, die Farce mit einem großen
Spinat- oder Krautblatt abdecken. Die Brüste
einzeln in das Schweinenetz wickeln und in eine
Bratreine legen. Die Kartoffeln aus dem Ofen
nehmen. Die Brüste im Ofen (Mitte) bei 200 °C
(Umluft 180 °C) je nach Dicke 10 Min. braten.
Bei der Nadelprobe sollte die Nadel im Zen-
trum nur leicht lauwarm sein. Wenn die Brust
zu stark durchgebraten ist, wird sie trocken.

20 g Butter in einem Topf erhitzen, das Weißkraut darin 1–2 Min. anschwitzen, mit dem
Wein begießen, salzen und pfeffern. Das Kraut
zugedeckt bei mittlerer Hitze in 3–5 Min. bissfest garen, bis die Flüssigkeit verkocht ist. Sollte
das Kraut zu viel Biss haben, etwas Wasser
dazugeben und kurz weitergaren.

Die Kartoffeln pellen und durch die Kartoffelpresse in eine Schüssel drücken, mit Salz, Pfeffer und etwas Muskat würzen. Die Milch erhitzen und unter die Kartoffelmasse rühren, dann
die restliche Butter untermengen.

Die Fasanensauce durch ein feines Sieb passieren, wenn nötig, dickflüssig einkochen lassen. Die
Fasanenbrüste jeweils schräg in ca. 2 cm dicke
Scheiben schneiden. Mit dem Kraut und Kartoffelpüree anrichten und die Sauce dazugeben.

Gefüllte Tauben mit Steckrüben

Ein Lieblingsgericht vom Papa! Es müssen nicht immer rosa Scheiben von der Taubenbrust sein! Die Steckrübe – mit Liebe zubereitet – passt als einfaches, unterschätztes Gemüse bestens zur zarten Taube.

Zubereitungszeit:
1 Std.
Bratzeit: 1 Std.

Zutaten für 4 Personen:
4 Tauben (à 300–400 g)
1/2 Bund Petersilie
2 Semmeln (60–70 g)
1 kleine Zwiebel
100–150 g Steckrüben
(ca. 2 Stück)
100 g Totentrompeten
(ersatzweise späte
Herbstpilze, z. B. Semmel-
stoppel, Herbströhrlinge)
40 g Butter
5 EL Milch
2 Eier
4 EL Rapsöl
Salz, Pfeffer
1 Zweig Zitronenmelisse

Die Tauben ausnehmen, die äußeren Flügelknochen und eventuell den Hals abhacken und klein hacken. Die Lebern in kleine Würfel schneiden. Die Tauben innen und außen mit Küchenpapier säubern. Die Petersilie waschen und trocken tupfen, die Blätter fein schneiden.

Für die Füllung die Semmeln mit einem Brotmesser fein schneiden und in eine Schüssel geben. Die Zwiebel schälen und klein würfeln. Die Steckrüben schälen und in ca. 1 cm große Würfel schneiden. Die Totentrompeten putzen, kurz waschen und trocknen lassen. Den Backofen auf 200 °C vorheizen.

20 g Butter in einer Pfanne erhitzen, die Hälfte der Zwiebeln darin kurz anschwitzen, nur die kleineren Pilze (ca. 20–30 g) dazugeben und 1 Min. mit anschwitzen. Die Milch dazugeben und aufkochen lassen. Die Semmeln damit begießen und kurz einweichen lassen. Dann die Eier, Petersilie und Lebern dazugeben und untermischen. Die Masse vierteln und die Tauben jeweils damit füllen.

Eine passende Bratreine im Ofen heiß werden lassen. 2 EL Rapsöl hineingeben und die Tauben mit der Brust nach oben in die Reine setzen.

Für die Sauce die gehackten Knochen dazugeben. Im Ofen (Mitte) 30 Min. braten, dabei die
Knochen immer wieder wenden und bräunen
lassen. Die restliche Zwiebel dazugeben und
3–5 Min. mitbraten. 100 ml Wasser dazugießen,
kurz bevor die Sauce verkocht ist, wieder
100–150 ml Wasser angießen. Die Tauben löffelweise mit dem Bratensaft übergießen und in
20–30 Min. fertig garen.

Die restliche Butter in einer Sauteuse zerlassen. Die Steckrüben einlegen, salzen, pfeffern,
mit Wasser bedecken und zugedeckt bei mittlerer Hitze in 5–7 Min. weich garen. Die Zitronenmelisse waschen und trocken tupfen, die
Blätter fein schneiden.

Die Tauben herausnehmen und die Sauce durch
ein feines Sieb in einen kleinen Topf passieren,
wenn nötig, dickflüssig einkochen lassen. Mit
Salz und Pfeffer abschmecken. 2 EL Rapsöl in
einer Pfanne erhitzen, die restlichen Totentrompeten darin bei starker Hitze anbraten, salzen
und pfeffern. Die Zitronenmelisse waschen und
trocken tupfen, die Blätter in feine Streifen
schneiden.

Die Tauben in der Mitte der Länge nach durchschneiden, die Hälften einmal mit der Hautseite
und einmal mit der Innenseite nach oben auf
Tellern anrichten. Die Steckrüben drum herumlegen. Die Pilze auf die Steckrüben und die Sauce über die Taubenhälften geben. Die Zitronenmelisse über das Gemüse streuen.

Ente gebraten
mit Schwarzwurzeln und Kartoffelpuffern

Leider lange vergessen, heute hochaktuell.
Allerdings verlangen Schwarzwurzeln nach einer
delikaten Zubereitung.

Zubereitungszeit:
55 Min.
Bratzeit: ca. 1 Std. 10 Min.

Zutaten für 4 Personen:
1 Ente (1,5–2 kg)
Salz, Pfeffer
1 Zweig Thymian
1 kleine Zwiebel
1 kleine Karotte
1 Stange Staudensellerie
200 g Schwarzwurzeln
2 große festkochende
Kartoffeln (ca. 100 g)
4 EL Rapsöl
frisch geriebene Muskatnuss (nach Belieben)
2 EL Magerquark
2 Eier
20 g Butter
1 EL Mehl
1 EL Obstessig
2 Zweige Zitronenthymian

Die Flügel und Halsknochen der Ente abtrennen und klein hacken. Inneres Fett herausnehmen. Die Ente innen und außen salzen und pfeffern, den Thymian ins Innere stecken. Zwiebel und Karotte schälen, Staudensellerie putzen und waschen. Das Gemüse ca. 1 cm groß würfeln. Den Backofen auf 200 °C vorheizen.

Die Schwarzwurzeln waschen, schälen und in ca. 5 cm lange Stücke schneiden. Die Schwarzwurzelstücke der Länge nach vierteln und in kaltes Wasser legen. Die Kartoffeln waschen, schälen und ebenfalls in kaltes Wasser legen.

Eine passende Bratreine im Backofen heiß werden lassen. 2 EL Rapsöl hineingeben und die Ente seitlich auf Brust und Keule in die Reine setzen. Die Knochen dazugeben. Im Ofen (Mitte) 15 Min. braten, die Ente auf die andere Seite legen, die Knochen wenden und weitere 15 Min. braten. Die Ente auf den Rücken legen und das Gemüse dazugeben und weiterbraten, bis die Knochen braun sind. Dann für die Sauce 100 ml Wasser dazugießen und die Ente in 30–40 Min. fertig braten. Dabei die Ente immer wieder mit dem Bratensaft begießen und nach und nach 5 EL Wasser dazugeben.

Die Kartoffeln fein reiben, in einem Sieb ausdrücken und in eine kleine Schüssel geben. Mit

Salz, Pfeffer und nach Belieben mit etwas Muskat würzen. Den Quark und die Eier untermischen und die Masse kalt stellen.

Die Schwarzwurzeln abtropfen lassen. Butter in einem flachen Topf zerlassen, die Schwarzwurzeln dazugeben, salzen, pfeffern, mit Mehl bestäuben und unter Rühren bei mittlerer Hitze 5 Min. anschwitzen, ohne dass sie bräunen. Essig dazugeben. Mit Wasser bedecken und zugedeckt bei kleiner Hitze 3–5 Min. köcheln lassen. Dann offen weitere 3 Min. garen, dabei immer wieder umrühren, bis der Sud verkocht ist.

Aus der Kartoffelmasse 4 Kartoffelpuffer backen. Dafür das restliche Rapsöl in einer Pfanne erhitzen, jeweils ein Viertel der Kartoffelmasse in die Pfanne geben, mit einem Esslöffel flach drücken und auf jeder Seite in 2–3 Min. braun braten.

Den Zitronenthymian waschen und trocken tupfen, die Blätter abzupfen. Die Ente herausnehmen und die Knochen entfernen. Die Sauce durch ein Spitzsieb in einen kleinen, hohen Topf passieren, dabei das Gemüse für die Bindung dazudrücken. Die Sauce kurz ruhen lassen, dann das Fett vorsichtig abschöpfen. Die Sauce aufkochen lassen, mit Salz, Pfeffer und Zitronenthymian abschmecken.

Die Ente zerteilen, dafür zuerst die Keulen abschneiden, dann die Brüste herausschneiden. Die Brüste in der Mitte auseinanderschneiden und jeweils halbieren, die Keulen am Gelenk durchschneiden. Jeweils 1/2 Brust und 1/2 Keule auf vorgewärmte Teller geben. Die Schwarzwurzeln und Kartoffelpuffer dazugeben. Die Sauce extra dazu reichen.

Martinsgans mit Wirsing und Quittenspalten

Viele kennen die Quitte nur als Gelee, aber warm und gekocht passt sie sehr gut zu fetthaltigem Geflügel. Sie verbindet sich gut mit der Süße des Wirsings.

Zubereitungszeit:
55 Min.
Bratzeit: ca. 3 Std.

Zutaten für 4 Personen:
1 junge Gans (ca. 2,5 kg)
Salz, Pfeffer
1 kleiner Wirsing (ca. 200 g)
2 Quitten
1 kleine Karotte
1 Zwiebel
1 EL Zucker
1 Steckrübe
4 festkochende Kartoffeln
4 EL Rapsöl

Die Gans bratfertig machen. Dafür die äußeren Flügelknochen und den Hals in kleine Stücke hacken. Das innere Fett herausnehmen und für die Quitten und den Wirsing beiseitelegen. Die Gans innen und außen salzen und pfeffern.

Die Blätter vom Wirsing lösen und den Strunk entfernen. 1 l Wasser in einem Topf aufkochen lassen und salzen. Die Blätter darin 3–4 Min. blanchieren. Herausnehmen und in kaltem Wasser abkühlen, dann abtropfen lassen. Die Quitten schälen, vierteln, entkernen und gleichmäßig in Spalten schneiden. Die Karotte und Zwiebel schälen und in große Stücke schneiden. Den Backofen auf 200 °C vorheizen.

Die Gans mit der Brust in eine Bratreine legen und 1 Tasse Wasser (100–125 ml) dazugießen. Im Ofen (unten) 45 Min. braten, damit das Fett auslaufen kann. Dann das Fett abgießen. Die Gans auf den Rücken drehen, die Knochen dazugeben und weitere 15 Min. braten, bis die Knochen braun sind. Die Zwiebel und Karotte dazugeben und weiterbraten. Die Gans zwischendurch mit wenig Wasser übergießen und in 1 Std. 30 Min. bis 2 Std. fertig braten.

Die Quittenspalten in eine Pfanne legen, mit dem Zucker bestreuen, knapp mit Wasser bedecken und zugedeckt bei mittlerer Hitze kochen lassen, bis die Flüssigkeit verkocht ist.

Dann 1 EL frisches Fett von der Gans dazugeben und die Quitten darin bei kleiner Hitze
anschwitzen.

Für die Rösti die Steckrübe und Kartoffeln
schälen, in grobe Stifte hobeln, mischen, salzen
und pfeffern. Das Rapsöl in einer Pfanne erhitzen, die Kartoffel- und Steckrübenstifte mit
einem Löffel portionsweise in die Pfanne einlegen, flach drücken und bei mittlerer Hitze
auf jeder Seite 4 Min. braten.

Das restliche frische Fett von der Gans in
einer Pfanne erhitzen. Die Wirsingblätter einlegen, salzen und pfeffern und bei mittlerer Hitze
in 4–6 Min. von allen Seiten leicht bräunen.

Die Gans herausnehmen. Die Sauce durch ein
Sieb passieren, kurz ruhen lassen, dann das Fett
vorsichtig abschöpfen. Die Gans in Brust und
Keule portionieren. Eine Tellerhälfte mit den
Wirsingblättern auslegen, die portionierte Gans
darauflegen und die Rösti seitlich dazulegen.
Die Quittenspalten auf dem Fleisch verteilen
und jeweils etwas Sauce darübergeben.

Rehrücken mit Quitten, Preiselbeeren und Maronenkraut

Das Beste vom Reh verdient eine besondere Zubereitung. Maronen mit Weißkraut und der Fruchtgeschmack ergänzen das Wildaroma.

Zubereitungszeit:
2 Std. 15 Min.
Marinierzeit: 1 Tag
Garzeit: 1 Std. 30 Min.

Zutaten für 4 Personen:
1–1,2 kg Rehrücken am Knochen
1 kleine Zwiebel
1 Karotte
50 g Knollensellerie
50 g Lauch
10 schwarze Pfefferkörner
1 Lorbeerblatt
1 Wacholderbeere
750 ml fruchtiger, trockener Rotwein (z. B. Merlot)
1 Quitte
1/2 Bio-Zitrone
1 EL Zucker
15 Maronen
1 Schalotte
200 g Weißkraut
8 EL Rapsöl
2 EL Mehl
Salz, Pfeffer
40 g Butter
2 EL Portwein (od. Madeira)
4 EL Preiselbeeren (roh eingefroren/selbst eingekocht)

Am Vortag den Rehrücken vom Knochen lösen und die Knochen fein hacken. Das Rehfleisch von Sehnen und Haut befreien. Die Zwiebel, Karotte und den Sellerie schälen, den Lauch putzen und waschen.

Das Gemüse in Stücke schneiden. Die Pfefferkörner leicht zerdrücken. Das Gemüse mit den Knochen, Sehnen und Häuten, Lorbeerblatt, Wacholderbeere, Pfefferkörnern und Rotwein in ein verschließbares Gefäß geben und zum Marinieren in den Kühlschrank stellen.

Am nächsten Tag den Backofen auf 200 °C vorheizen. Die Quitte schälen und in 16 Spalten schneiden. Die Quittenspalten mit 200 ml Wasser, Zitrone und Zucker in einen Topf geben, aufkochen und bei kleiner Hitze 15 Min. köcheln lassen.

Die Schale der Maronen einschneiden. Die Maronen auf ein Blech geben und im Ofen (Mitte) 8–10 Min. rösten, bis die Schale aufspringt. Die Maronen herausnehmen, etwas abkühlen lassen und die Schale entfernen. Die Maronen in kleine Stücke schneiden.

Die Schalotte schälen und fein schneiden. Das Weißkraut vierteln und den Strunk herausschneiden. Die Viertel in gleichmäßig kleine

Stücke schneiden. Die marinierten Knochen mit Häuten, Sehnen, Gemüse und Gewürzen in ein grobes Sieb gießen, dabei die Marinade auffangen. Die Knochen auf Küchenpapier legen.

6 EL Rapsöl in einer Bratreine erhitzen, die Knochen dazugeben und im Ofen (Mitte) 30 Min. rösten. Das Gemüse dazugeben und 10 Min. mitrösten, das Mehl darüberstäuben und weitere 10 Min. rösten.

Die Marinade und 500 ml Wasser dazugießen, alles salzen, pfeffern und bei 170 °C (Umluft 150°) 1 Std. 30 Min. köcheln lassen. Dann durch ein grobes Sieb gießen, dabei die Sauce in einem kleinen Topf auffangen. Das Gemüse durch ein feines Sieb in die Sauce passieren. Die Hälfte des Saftes vom Quittenkompott dazugeben und die Sauce offen dickflüssig einkochen lassen.

Den Rehrücken salzen und pfeffern. 20 g Butter und das restliche Rapsöl in einer Bratreine erhitzen, den Rehrücken einlegen und im Ofen (Mitte) bei 180 °C (Umluft 160 °C) je nach Stärke in 5–7 Min. rosa braten.

Die restliche Butter in einem Topf erhitzen, die Schalotte darin bei mittlerer Hitze kurz anschwitzen. Das Kraut dazugeben, salzen, pfeffern, knapp mit Wasser bedecken, aufkochen und zugedeckt bei mittlerer Hitze 3 Min. kochen lassen. Die Maronen dazugeben und offen 2 Min. kochen lassen, bis die Flüssigkeit verkocht ist.

Den Portwein unter die reduzierte Sauce rühren, die Sauce kurz einkochen lassen und die Preiselbeeren unterrühren. Mit Salz und

Pfeffer abschmecken. Die Sauce sollte sämig und harmonisch (leicht süßlich) sein.

Den Rehrücken herausnehmen, gleichmäßig in Scheiben schneiden und auf Tellern anrichten. Kraut dazugeben, die warmen Quittenspalten auf das Fleisch legen und die Sauce dazugeben.

Kaninchen mit Navetten à l'Orange

Das Gericht erinnert mich an meine Koch-Heimat Paris. Die Orange erfrischt die Navette, eine weiße bis violette Rübe. Das Kaninchen kann man gut durch gebratenes Geflügel ersetzen.

Zubereitungszeit:
1 Std. 30 Min.

Zutaten für 4 Personen:
2 Kaninchenrücken
(à 400–500 g)
4 EL Rapsöl
Salz, Pfeffer
4 Navetten
(Mairüben; à ca. 50 g)
1 kleine Zwiebel
2 Orangen
200 g Austernpilze
1 Knoblauchzehe
2 Stängel Estragon
20 g Butter

Die Kaninchenrücken auslösen, die Filets von Haut und Sehnen befreien und die Knochen klein hacken. Für den Fond 1 EL Rapsöl in einem Bräter erhitzen, die Knochen darin 2 Min. anbraten. Haut und Sehnen dazugeben, salzen und pfeffern, mit 300 ml Wasser bedecken, dann aufkochen und zugedeckt bei kleiner Hitze 30 Min. kochen lassen.

Die Navetten schälen und in ca. 1 cm dicke Scheiben schneiden. Die Zwiebel schälen, halbieren und in feine Streifen schneiden. Die Orangen heiß waschen und abtrocknen, ein paar Schalenstreifen abschneiden und den Saft auspressen.

Die Austernpilze entstielen, es werden nur die Kuppen verwendet. Den Knoblauch schälen und fein schneiden. Den Estragon waschen und trocken tupfen, die Blätter fein schneiden.

10 g Butter in einer Sauteuse erhitzen, die Zwiebel darin bei mittlerer Hitze 1–2 Min. anschwitzen. Die Navettenscheiben und den Knoblauch dazugeben, salzen und pfeffern. Den Orangensaft dazugießen und die Navetten zugedeckt bei mittlerer Hitze in 3–5 Min. garen, bis der Orangensaft verkocht ist.

2 EL Rapsöl in einer Pfanne bei mittlerer Hitze erwärmen. Die Rückenfilets einlegen, salzen und pfeffern, mit der Hälfte der Orangenschalen belegen und 2–3 Min. braten. Die Filets wenden, mit Salz, Pfeffer und den restlichen Orangenschalen würzen und 2–3 Min. braten.

Den Fond durch ein Sieb passieren, aufkochen und offen bei mittlerer Hitze einkochen lassen, bis er sämig ist. Die Filets aus der Pfanne nehmen. Das restliche Rapsöl in dieselbe Pfanne geben, die Pilzkuppen darin unter Schwenken bei starker Hitze 3–4 Min. braten, dann salzen und pfeffern.

Die restliche Butter unter den sämigen Fond rühren. Die Hälfte des Estragons dazugeben und unterrühren. Die Rückenfilets der Länge nach in ca. 5 mm dicke Scheiben schneiden und mit den Orangenschalen auf Teller legen. Die Navetten drum herumlegen. Die Pilze auf dem Fleisch und Gemüse verteilen. Die Sauce über das Fleisch geben. Mit dem restlichen Estragon bestreuen.

Wildschweinpastete in Sellerie gebacken

Der gesunde Sellerie wird zur Backform. Das Gemüse ersetzt den stumpfen Teig.

Sellerie waschen, abbürsten, in einen Topf geben und mit Wasser bedecken. Kleine Knollen bei mittlerer Hitze in 15 Min. garen, große in 25 Min. Herausnehmen und in kaltem Wasser abkühlen. Einen Deckel auf der Krautseite abschneiden. Den Sellerie mit einem Gemüseausstecher aushöhlen, dabei einen Rand von ca. 1,5 cm frei lassen (große Knollen vorher halbieren), dann auf der Wurzelseite gerade abschneiden. Die Knollen auf ein Pizzablech setzen.

Das Wildschweinfleisch von Sehnen, Häutchen und Knorpel befreien. Das Fleisch, den Speck und die Leber in Würfel schneiden. Alles durch die feine Scheibe des Fleischwolfs in eine Schüssel drehen. Das Fleisch vermischen. Mit Salz, Pfeffer und nach Belieben mit Pastetengewürz würzen. Den Cognac untermengen. Den Backofen auf 180 °C vorheizen. Die Walnüsse knacken, die Walnusskerne herausnehmen, in kleine Stücke schneiden und unter die Masse mischen. Den Sellerie damit füllen und im Ofen (Mitte, Umluft 160 °C) 40–45 Min. backen.

Inzwischen 10 g Butter in einer Sauteuse erhitzen. Die Selleriereste darin anschwitzen, salzen und pfeffern. Die Milch dazugießen und die Selleriereste zugedeckt bei mittlerer Hitze in 15–20 Min. garen.

Den Apfel waschen, vierteln, entkernen und in kleine Stücke schneiden. Die restliche Butter in

Zubereitungszeit:
55 Min.
Backzeit: 40–45 Min.

Zutaten für 4 Personen:
600 g Knollensellerie
(4 kleine Knollen à 150 g
oder 2 große à 250–300 g)
200 g Wildschweinfleisch
(Schulter, Keule oder Hals)
100 g grüner Speck
100 g Geflügel-
oder Kalbsleber
Salz, Pfeffer
Pastetengewürz
(nach Belieben)
1 EL Cognac
4 Walnüsse
20 g Butter
100 ml Milch
1 Apfel
5 EL Weißwein
1 Prise Zucker
1 EL weißer Balsamessig

einem kleinen Topf zerlassen. Die Apfelstücke darin anschwitzen, mit Weißwein und 100 ml Wasser aufgießen und bei mittlerer Hitze 3 Min. kochen lassen. Die Apfelstücke pürieren, die Sauce mit Salz, Zucker und Essig abschmecken. Den Sellerie ebenfalls pürieren und mit Salz und Pfeffer abschmecken. Wenn das Püree zu dünn ist, unter Rühren etwas einkochen lassen.

Die gefüllten Sellerieknollen auf Teller setzen, die Apfelsauce rundherum gießen und das Selleriepüree mit einem Löffel in Nocken dazugeben.

Lauwarmer Wirsingsalat mit Räucheraal

Guter Aal ist ein Genuss und Wirsing als Salat eine sehr positive Überraschung. Dazu schmeckt eine reife, trockene Spätlese.

Zubereitungszeit:
45 Min.

Zutaten für 4 Personen:
1 kleiner Wirsing (250–500 g)
Salz, Pfeffer
1 rote Zwiebel
1 Stück frischer Meerrettich
(ca. 5 cm)
8 Backpflaumen (ohne Stein)
2 EL Apfelessig
(oder Weißweinessig)
4 EL + 1 TL Rapsöl
200 g Räucheraal am Stück
10 g Butter
20 g Zucker

Die äußeren Wirsingblätter entfernen, den Wirsing vierteln und den Strunk herausschneiden. 1 l Wasser in einem Topf aufkochen lassen, salzen und die Wirsingviertel darin 3–4 Min. blanchieren. Den Wirsing herausnehmen, in kaltem Wasser abkühlen und ausdrücken.

Die Zwiebel schälen und in kleine Würfel schneiden. Den Meerrettich schälen und in kaltes Wasser stellen, damit er fest wird und sich gut reiben lässt. Die Backpflaumen vierteln. Für die Marinade den Essig und 4 EL Rapsöl in einer kleinen Schüssel verrühren. Den Räucheraal in 4 Stücke schneiden und jeweils vorsichtig von der Gräte lösen. Die Butter in einem kleinen Topf erhitzen, die Zwiebel darin bei mittlerer Hitze kurz anschwitzen, den

Zucker dazugeben und bei schwacher Hitze in
3 Min. schmelzen lassen.

Die Wirsingviertel in gleich große Stücke
schneiden und in einer Pfanne mit 1 TL Rapsöl
bei kleiner Hitze leicht erwärmen. Den Aal und
die Backpflaumen seitlich dazulegen. Den lauwarmen Wirsing in eine Schüssel geben, salzen
und pfeffern. Dann mit der Marinade anmachen.

Den Wirsing mit Aal und Backpflaumen auf
Tellern anrichten. Die Zwiebelmarmelade in
kleinen Portionen darauf verteilen. Den Meerrettich fein darüberreiben.

Waller im Kartoffelnest gebraten mit Petersilienwurzel

Das Wallerfleisch wird im Kartoffelnest schonend
gegart. Keiner vermisst mehr den im Sud gekochten
»Waller blau«

Kartoffeln waschen, schälen und in kaltes Wasser legen. Petersilie waschen und trocken tupfen,
die Blätter abzupfen. Petersilienwurzeln schälen,
der Länge nach halbieren und in 2–3 mm dicke
Scheiben schneiden. Schalotte schälen, halbieren
und in feine Streifen schneiden. Die Kartoffeln
mit einem Gemüsehobel in feine, möglichst lange
Streifen schneiden (es gibt Gemüseschneider für
dünne, 20–30 cm lange Streifen). Die Kartoffelstreifen salzen und pfeffern.

Das Wallerfilet in 8 gleich große Stücke schneiden, salzen und pfeffern. Die Wallerstücke mit
den Kartoffelstreifen umwickeln. 20 g Butter in

Zubereitungszeit:
55 Min.

Zutaten für 4 Personen:
300–400 g festkochende
Kartoffeln
1 Bund krause Petersilie
200–300 g Petersilienwurzeln
1 Schalotte
Salz, Pfeffer
600 g Wallerfilet
40 g Butter
4 EL Rapsöl

einer Sauteuse erhitzen. Die Petersilienwurzeln und Schalotte einlegen, salzen, pfeffern und mit Wasser bedecken. Die Wurzeln offen bei mittlerer Hitze in 4–5 Min. bissfest garen, bis kein Sud mehr in der Sauteuse ist.

20 g Butter und das Rapsöl in einer Pfanne erhitzen, die umhüllten Wallerstücke darin bei starker Hitze auf jeder Seite in 3–4 Min. goldbraun braten. Die Wallerstücke herausnehmen und warm halten. Die Petersilie in die heiße Pfanne geben und 1–2 Min. braten. Die Wallerstücke auf Teller legen. Die Petersilienwurzeln drum herumlegen. Mit der gebratenen Petersilie bestreuen.

Endiviensalat
mit Muscheln und Kartoffeldressing

Gut essen für wenig Geld! Entscheidend ist die Qualität der Muscheln. Die Bitterstoffe des Salats machen das Gericht zudem äußerst bekömmlich.

Für das Dressing die Kartoffel waschen und in 25 Min. weich garen. Die Kartoffel abkühlen lassen, pellen und in eine Schüssel reiben. Den Essig, das Rapsöl, Salz und Pfeffer dazugeben und mit einem Schneebesen verrühren. Wenn die Marinade zu dickflüssig ist, etwas Muschelfond unterrühren.

Den Endiviensalat putzen, dabei sehr grüne Blätter entfernen. Die Salatblätter waschen, trocken schleudern und in eine Schüssel geben. Den Dill waschen, trocken tupfen und in kleine Dillzweige teilen. Die Muscheln putzen, waschen und in ein grobes Sieb geben.

Die Muscheln in einen Topf geben, mit etwas Wasser aufkochen und zugedeckt 2 Min. kochen lassen, bis sich die ersten Muscheln öffnen. Die geöffneten Muscheln sofort herausnehmen. Das Muschelfleisch herauslösen und in einer Pfanne warm halten. Die ungeöffneten Muscheln nicht verwenden.

Den Salat salzen, pfeffern, mit der Hälfte des Dressings anmachen und auf Tellern anrichten. Das lauwarme Muschelfleisch auf dem Salat verteilen. Das restliche Dressing mit einem Löffel darüberträufeln. Mit den kleinen Dillzweigen garnieren und mit dem Mohn bestreuen.

Zubereitungszeit:
50 Min.

Zutaten für 4 Personen:
1 mittelgroße mehligkochende Kartoffel
(ca. 80 g)
4 EL Weißweinessig
2 EL Rapsöl
Salz, Pfeffer
1 Kopf gelber Endiviensalat
2 Stängel Dill
1,5 kg Miesmuscheln (noch besser Pfahlmuscheln)
1 EL Blaumohn
(oder Mohnsamen)

Gottfried Knapp

Tisch und Stuhl –
Wo das Glück beginnt

Die kulturellen Errungenschaften, die den Menschen von allen übrigen Lebewesen unterscheiden, lassen sich nirgendwo besser demonstrieren als bei den Formen der Nahrungsaufnahme. Tiere – egal ob sie sich von Pflanzen oder von ihresgleichen ernähren – verzehren das, was sie zum Überleben brauchen, in der Regel dort, wo sie es aufgespürt haben, also an der Stelle, an der die Nahrung gewachsen oder erlegt worden ist. Tiere laufen also ihr Leben lang hinter ihrer Nahrung her – und beim Verzehren der Beute modifizieren sie die Körperhaltung, die sie beim Suchen einnehmen, nur minimal.

Zwar gibt es Tierarten, die einen Teil des Nahrungsangebots beiseitetragen, um es als Vorrat irgendwo zu verstecken oder um ihre Jungen damit zu füttern. Doch mit den Ritualen, die der Mensch schon in seinen frühesten Existenzformen beim Essen entwickelt hat, können die klugen Nahrungs-Sicherungsmethoden der Tiere nicht verglichen werden. Seit der Mensch das Feuer seinen Bedürfnissen dienstbar gemacht hat, ist der Ort, an dem das flammende Element gehütet und die Nahrung in eine genießbare Form gebracht wird, das Zentrum des sozialen Lebens, die Heimat, der man sich zugehörig fühlt, der Ort, an den man gerne zurückkehrt. Zu ihm schleppte der Jäger und Sammler hin, was er an Verzehrbarem in der Umgebung zusammengerafft hatte. Und da schon das Garen der Lebensmittel einige Zeit in Anspruch nahm, lag es nahe, dass die Menschen sich um dieses nährende, wärmende, lichtspendende Feuer lagerten, dass sie sich hinsetzten oder hinlegten, wenn sie die Speisen zu sich nahmen.

Bei diesen elementaren Tätigkeiten dürften früh schon Ablageflächen, die wie Tische gebraucht wurden, und Sitze zum Einsatz gekommen sein. Jedenfalls muss die Fähigkeit, auf einer höheren Sitzfläche Platz zu nehmen – auch sie unterscheidet den Menschen vom Tier –, immer schon als eine gehobene Form des Daseins empfunden worden sein. Schon in den ältesten Hochkulturen, die sich bildlicher Darstellungen bedienten, wird der schlichte Sitz zum Thron überhöht, auf dem der König des Volkes zeremoniell Platz nimmt, um seine Macht auszuüben, während die Untertanen sich im Stehen üben. Sitzen auf einem Möbel – das ist im Bewusstsein der Völker also keineswegs eine weichlich-schwächliche Existenzform, sondern eher Ausdruck eines gehobenen Lebensgefühls. Lediglich das Paradieren auf einem Reittier, auf einem Pferd, einem Kamel oder einem Elefanten, steht bei einigen ethnischen Gruppierungen in der Hierarchie der Seinsformen noch eine Stufe höher. Die Gerätschaften, die beim Essen oder Tafeln in unseren Gebreiten zum Einsatz kommen, haben sich seit den frühen Gelagen in den Höhlen des Juras zwar mächtig verändert, doch für das Sitzen hatten schon die Etrusker und die Römer, die sich übrigens zum Speisen gerne hinlegten, die idealtypischen Stuhl- und Hockerprototypen entwickelt. Diese Urformen mussten später nur noch abgewandelt werden. Was immer die Schreiner in späteren Jahrhunderten an Rücken- und Armlehnen-Varianten oder Polster-Finessen dazuerfanden, hat den einmal gefundenen Urtyp nur bestätigen können.

Eine besonders kommunikative Lösung des Problems Sitzen beim Essen stellt die Eckbank dar, auf der deutlich mehr Menschen um einen Tisch herum zusammenrutschen können, als auf Einzelstühlen Platz finden wür-

den. Für Menschen, die auf Kücheneckbänken groß geworden sind, dürfte dieser Möbeltypus darum eines der lebendigsten Symbole für Heimat sein. Was immer aber von modernen Designern an Verfremdungen der Sitzmechanik erdacht worden ist, führt nur weg von der elementaren Funktionalität des Urmöbels, das ganz in seiner dienenden Funktion aufging, also keine Aufmerksamkeit für sich beanspruchte, alle Sinne auf das hinlenkte, was auf dem Tisch angerichtet war.

Wie der Ur-Sitz musste auch der Ur-Tisch seit seiner Erfindung kaum mehr verändert werden. Doch was bei einer Mahlzeit an Gerätschaften auf dem Tisch ausgebreitet war, sah in allen Jahrhunderten und sieht heute noch in allen Weltgegenden anders aus. Den entscheidenden kulturellen Schritt in die Zukunft tat der Mensch wohl, als er anfing, beim Zerlegen der Nahrung Hilfsmittel zu verwenden. Essen aus der Hand – etwa das Abnagen eines Knochens – ist zwar immer noch die intimste und sinnlichste Form der Nahrungsaufnahme, doch ohne Messer, Gabel und Löffel, ohne Teller und Trinkgefäß würde uns Europäern die Bewältigung eines mehrteiligen Mahls doch recht schwerfallen. Im Grunde ist es ja ganz wenig, was wir brauchen, um beim Essen mit allen Sinnen genießen und den Ort einer Mahlzeit – etwa eine Gaststätte – wie ein Stück Heimat empfinden zu können: Wir brauchen einen bequemen Sitz mit aufrechter Lehne – Biergartenbänke in geschlossenen Lokalen sind purer Terror –, und wir brauchen einen Tisch, auf dem wir uns beim Speisen ausbreiten können. Wenn dann die Gerichte auf hohem Niveau mit den Getränken abgestimmt sind und die Nachbarschaft am Tisch ähnlich lustvoll zu genießen versteht – dann müsste das Glück perfekt sein.

Gottfried Knapp hat sich fast 35 Jahre lang als Redakteur in der Süddeutschen Zeitung mit Architektur und Kunst herumgeschlagen und dabei manchen Strauß mit der Öffentlichkeit ausgefochten. Besonders wichtig sind ihm aber die künstlerischen Ereignisse, die er kulinarischen Meistern wie Karl Ederer in München verdankt.

Blauschimmelkäse mit Riesling und Birne

Ein gutes Beispiel: Man kann mit drei typisch deutschen Produkten leicht und schnell ein »Aha-Gericht« zaubern.

Den Käse in ca. 1 cm dicke Scheiben schneiden und schichtweise in das heiß ausgespülte Glas legen. Dabei zwischen den Schichten den Süßwein verteilen. Das Glas verschließen und einen Tag in den Kühlschrank stellen, dann den Käse mit einer Gabel vorsichtig einstechen, damit er den Wein aufnimmt. Das Einstechen an 3–4 Tagen wiederholen.

Nach 3–4 Tagen die Birnen schälen, halbieren und das Kerngehäuse herausschneiden. Die Birnenhälften in 2–3 mm dicke Scheiben schneiden. Die Teigblätter nebeneinanderlegen, jeweils eine Teighälfte mit den Birnenscheiben belegen, die andere Teighälfte darüberklappen und die Ränder andrücken.

Die Butter in einer großen Pfanne erwärmen. Die Teigtaschen vorsichtig mit einem Pfannenwender einlegen und bei mittlerer Hitze auf jeder Seite in 2–3 Min. leicht braun braten. Die Teigtaschen herausnehmen und auf Tellern anrichten. Den Käse mit einem Löffel aus dem Glas abstechen und seitlich danebenlegen.

Zubereitungszeit: 35 Min.

Ruhezeit: 4–5 Tage

Zutaten für 4 Personen:

200 g Blauschimmelkäse (z. B. Bavaria Blue)

80 ml Riesling (Süß-Auslese)

2 mittelgroße Birnen

4 Blätter Filoteig (ca. 10 x 20 cm; aus dem griechischen oder türkischen Lebensmittelladen)

20 g Butter

Außerdem:

1 Schraubglas (6–8 cm Ø und 6–8 cm Höhe)

Dazu passen Scheiben von Brötchen mit Sonnenblumenkernen und der restliche Süßwein, der noch schmeckt, obwohl die Flasche schon ein paar Tage offen ist.

Birnen in Gelee mit Schokoladen-Sabayon

Die klassische Urform von Birne Helene steht für die Birne aus der Dose — die gute, rote Williamsbirne im eigenen Gelee ist damit nicht zu vergleichen.

Zubereitungszeit:
40 Min.
Kühlzeit: ca. 4 Std.

Zutaten für 4 Personen:
Für das Birnengelee:
4 reife Birnen (400–500 g;
z. B. rote Williamsbirnen)
1 Zitrone
100 ml Weißwein
40 g Zucker
4 Blatt weiße Gelatine
20 g Pistazienkerne
Für das Sabayon:
2 Eigelb
20 g Zucker
50 g geraspelte Schokolade
1 EL Birnenschnaps

Die Birnen schälen, vierteln und das Kerngehäuse herausschneiden. Die Viertel in ca. 1 cm große Stücke schneiden und in einen Topf geben. Den Saft der Zitrone auspressen. Den Zitronensaft, Weißwein, 100 ml Wasser und den Zucker dazugeben, alles aufkochen und bei mittlerer Hitze 4–6 Min. kochen lassen. Die Gelatine in kaltem Wasser einweichen. 100 ml Birnensud abnehmen und für das Sabayon beiseitestellen.

Gelatine ausdrücken und in der Birnenmischung auflösen. Pistazienkerne klein hacken und unter die Birnenmischung rühren. In eine kleine Schüssel oder vier Förmchen (ca. 8 cm Ø) füllen, dabei Sud und Früchte gut vermischen. Die Schüssel 3–4 Std. und Förmchen 1–2 Std. in den Kühlschrank stellen, bis das Gelee fest ist.

Eigelbe und Zucker in die Schüssel mit dem Birnensud geben. Die Schüssel in einen passenden Topf mit Wasser hängen. Die Mischung erst bei kleiner Hitze, dann bei mittlerer Hitze mit dem Schneebesen aufschlagen. Wenn das Sabayon fest wird, nach und nach die geraspelte Schokolade, dann den Schnaps unterrühren.

Das Birnengelee vom Rand der Förmchen lösen und auf Teller stürzen. Oder das Gelee in der Schüssel ebenfalls stürzen, in Scheiben schneiden und auf Tellern anrichten. Das Sabayon darübergießen.

Äpfel mit Feigenfüllung und Ingwersauce

Die globale Antwort auf den deutschen Bratapfel:
mediterrane Feige mit asiatischem Ingwer.

Die Äpfel waschen, quer halbieren und mit einem Gemüseausstecher so aushöhlen, dass ein ca. 1,5 cm breiter Rand bleibt. 10 g Butter in einer Pfanne erhitzen, Äpfel mit der Schnittfläche nach unten in die Pfanne legen und bei kleiner Hitze in 3–4 Min. vorgaren. Die Äpfel mit der Schnittfläche nach oben auf ein Blech setzen. Die Pfanne mit der Butter beiseitestellen. Die Haut der Feigen abziehen und die Feigen quer halbieren. Je 3 Feigenhälften mit der Schnittfläche nach oben in die Äpfel geben. Den Backofen auf 180 °C (Umluft 160 °C) vorheizen.

Für die Sauce den Ingwer schälen und klein schneiden. Die ausgehöhlten Apfelstücke ohne Kerne in einen Topf geben. Die restliche Butter, den Zucker, Ingwer und Weißwein dazugeben. Alles aufkochen und zugedeckt bei kleiner Hitze 10 Min. kochen lassen. Den Backofen auf 180 °C (Umluft 160 °C) vorheizen. Die Sauce mit dem Pürierstab kurz durchmixen. Wenn sie zu flüssig ist, offen bei mittlerer Hitze einkochen lassen, bis sie dickflüssig ist.

Die Äpfel im Ofen (Mitte) in 8–10 Min. garen. Zwischendurch die Äpfel mit der Butter vom Vorgaren und dem wenigen Bratsaft immer wieder übergießen. Die Sauce in die Mitte der Teller geben und jeweils 1 Apfel daraufsetzen. Dazu passen Eis, Quark- und Apfelsorbet.

Zubereitungszeit:
40 Min.

Zutaten für 4 Personen:
2 große Äpfel (z. B. Boskop)
20 g Butter
6 frische Feigen (à ca. 50 g)
10 g frischer Ingwer
(oder 20 g confierter Ingwer, Asialaden)
20 g Zucker
200 ml Weißwein

Gefüllte Zwetschgen mit Sabayon

Ein sehr gutes und günstiges Obst, das unglaublich variantenreich zubereitet werden kann. Auf den richtigen Reifegrad achten!

Zubereitungszeit:
1 Std.

Zutaten für 4 Personen:
16 mittelgroße Zwetschgen
8 Walnüsse
16 Blätter Filoteig
(ca. 8 cm x 8 cm; aus dem griechischen oder türkischen Lebensmittelladen)
100 g Marzipanrohmasse
20 g Butter
50 g Zucker
2 Eigelb
1 TL Zimtpulver
2 EL Zwetschgenwasser

Die Zwetschgen seitlich aufschneiden und jeweils den Kern entfernen. Die Walnüsse knacken, die Walnusskerne herausnehmen und fein hacken. Die Teigblätter nebeneinanderlegen. Die Nüsse mit der Marzipanrohmasse in einer kleinen Schüssel verkneten. Die Zwetschgen damit füllen und jeweils 1 Zwetschge in 1 Teigblatt einschlagen.

Die Butter in einer passenden Pfanne erhitzen. Die umhüllten Zwetschgen einlegen und auf jeder Seite bei mittlerer Hitze 2–3 Min. anbraten, dabei das Bratfett mit einem Löffel immer wieder darübergeben.

Für das Sabayon 100 ml Sirup zubereiten. Dafür 5 EL Wasser mit 50 g Zucker in einem kleinen Topf aufkochen und lauwarm abkühlen lassen. Den lauwarmen Sirup mit den Eigelben in eine Schüssel geben. Die Schüssel in einen passenden Topf mit Wasser hängen. Die Mischung erst bei kleiner Hitze, dann bei mittlerer Hitze mit dem Schneebesen aufschlagen. Wenn das Sabayon fest wird, erst das Zimtpulver, dann das Zwetschgenwasser unterrühren. Je 4 Zwetschgen auf einen Teller geben und jeweils 1 Löffel Sabayon dazwischen verteilen.

Hagebutten-Schoko-Mus mit Passionsfrüchten

Die Verbindung zwischen heimisch und exotisch: Die Hagebutte verbindet sich harmonisch mit Schokolade und Passionsfrucht (ebenso eignet sich Ananas).

Die Schokolade in eine Schüssel bröckeln und über dem heißen Wasserbad schmelzen lassen. Die Gelatine in wenig kaltem Wasser einweichen. Die Sahne in einer sauberen Schüssel steif schlagen. Das Ei in eine Schüssel geben und ebenfalls über dem heißen Wasserbad schaumig rühren, dabei nicht zu heiß werden lassen. Das Hagebuttenmark unterrühren, die Gelatine ausdrücken und dazugeben.

Die Masse nach und nach mit einem Teigspatel unter die warme Schokolade mischen. Dann die Sahne vorsichtig unterheben. Vier Förmchen (6–8 cm Ø) mit Frischhaltefolie auslegen. Das Mus in die Förmchen oder in eine Schüssel füllen und 2–3 Std. in den Kühlschrank stellen, bis es fest ist.

Die Passionsfrüchte halbieren, das Fruchtfleisch mit dem Saft und den Körnern herauslösen und direkt in einen kleinen Topf geben. Die Früchte aufkochen lassen, durch ein feines Sieb passieren und nochmals aufkochen lassen. Die Speisestärke mit 2 EL Wasser anrühren. Die Fruchtsauce damit binden und kurz aufkochen, dann abkühlen lassen.

Das Mus aus den Förmchen auf Teller stürzen und die Folie entfernen. Oder das Mus mit einem Esslöffel portionieren. Die Passionsfruchtsauce rundherum verteilen.

Zubereitungszeit:
40 Min.
Kühlzeit: 2–3 Std.

Zutaten für 4 Personen:
125 g weiße Schokolade
1 Blatt weiße Gelatine
250 g Sahne
1 Ei
60–80 g Hagebuttenmark
(aus dem Bioladen)
8 Passionsfrüchte
(ersatzweise ein guter
Saft oder gefrorenes
Fruchtmark)
1 TL Speisestärke

Schmarren mit Hollerkompott

Die Hollerbeeren am besten selbst ernten, sonst sollte man bei Biobauern nachfragen. Das Kompott einmachen, wenn die Beeren reif sind. Gut lassen sich Birne oder Apfel dazumischen.

Zubereitungszeit: 45 Min.

Ruhezeit: 2 Std.

Zutaten für 4 Personen:

Für das Kompott:

1 Rispe Hollerbeeren am Stiel oder 100 ml Hollersaft)

20 g Zucker

1 Birne

1 Apfel

1 EL Obstler

Für den Schmarren:

80 g Mehl

200 ml Milch

4 Bio-Eier (ganz frisch)

40 g Zucker

Salz

2 EL grob gehackte Haselnüsse

20 g Butter

2 EL Puderzucker zum Bestreuen

Für das Kompott die Hollerbeeren abzupfen, verlesen und in einen kleinen Topf geben. 100 ml Wasser und den Zucker dazugeben und bei mittlerer Hitze aufkochen lassen. Die Birne und den Apfel schälen, vierteln und das Kerngehäuse herausschneiden. Die Viertel gleichmäßig in kleine Stücke schneiden und zu den Hollerbeeren geben, dann alles zugedeckt bei kleiner Hitze 5 Min. köcheln lassen. Den Obstler dazugeben und das Kompott 2 Std. ziehen lassen.

Für den Teig das Mehl in eine Schüssel sieben, die Milch nach und nach mit einem Schneebesen unterrühren. Die Eier trennen. Die Eigelbe, 20 g Zucker und 1 Prise Salz unterrühren. Die Masse durch ein Spitzsieb in eine Schüssel passieren, mit den Haselnüssen verrühren und 1 Std. ruhen lassen.

Die Eiweiße mit 1 Prise Salz in einer sauberen Schüssel steif schlagen, dabei nach und nach den restlichen Zucker unterrühren. Den Eischnee unter den Teig heben. Den Backofen auf 200 °C (Umluft 180 °C) vorheizen. Die Butter in einer großen hitzebeständigen Pfanne erhitzen, den Teig dazugeben und im Ofen (Mitte) 4–5 Min. backen, dann wenden und in 3–4 Min. fertig backen, bis der Schmarren aufgegangen ist. Die Pfanne herausnehmen, den

Schmarren mithilfe von zwei Esslöffeln in kleine Stücke zerreißen und mit 1 EL Puderzucker bestreuen. Den Schmarren unter dem Backofengrill 2 Min. überbacken, dann herausnehmen, auf Tellern anrichten und mit dem restlichen Puderzucker bestreuen. Das Hollerkompott in Schalen extra dazu servieren.

Topfenknödel mit Zwetschgenröster

Wer wünscht sich schon Tafelfreuden ohne österreichische Nachspeisen?

Die Semmeln in kleine Stücke schneiden und in eine Schüssel geben. 40 g Butter in einem kleinen Topf zerlassen und zu den Brötchen geben. Den Zucker und Quark ebenfalls dazugeben und alles gut verkneten. Die Masse kurz ziehen lassen, dann die Eier, das Mehl, den Grieß und die Zitronenschale unterkneten. Den Knödelteig 1–2 Std. ruhen lassen.

Gefrorene Zwetschgen auftauen lassen. Frische Zwetschgen waschen, halbieren und entsteinen. Die Zwetschgen in einen Topf geben und unter häufigem Rühren bei schwacher Hitze je nach Saftgehalt 15–20 Min. im eigenen Saft köcheln lassen. Den Zwetschgenröster abkühlen lassen.

1–1,5 l Wasser in einem Topf aufkochen lassen. Aus dem Knödelteig mit einem Esslöffel 8 Knödel abstechen, diese mit der Hand nochmals durchkneten, oval formen und nach und nach in das siedende Wasser einlegen. Die Knödel zugedeckt bei kleiner Hitze in 5–7 Min. garen (durch den Wasserdampf gehen die Knödel auf).

Zubereitungszeit:
1 Std. 10 Min.
Ruhezeit: 1–2 Std.

Zutaten für 4 Personen:
3 altbackene Semmeln
(oder 3 Scheiben Toastbrot)
60 g Butter
20 g Zucker
150 g Bio-Quark
2 Eier
20 g Mehl
20 g Hartweizengrieß
abgeriebene Schale
von 1/2 Bio-Zitrone
200–300 g reife Zwetschgen
(frische oder halbierte
tiefgefrorene)
4 EL Weißbrotbrösel
(frisch gerieben)
1 EL Puderzucker

Inzwischen die restliche Butter in einer Pfanne zerlassen, die Weißbrotbrösel darin bei mittlerer Hitze gleichmäßig bräunen, dann vom Herd nehmen. Die Knödel mit einer Schaumkelle herausnehmen und auf Küchenpapier abtropfen lassen. Die Knödel in die Pfanne mit den Bröseln geben und darin wenden. Den Zwetschgenröster in die Mitte der Teller geben und die Knödel daraufsetzen. Mit Puderzucker bestreuen.

Der Zwetschgenröster schmeckt besser, wenn man gleich eine größere Menge kocht. Dann den Zwetschgenröster in Gläser abfüllen und kühl aufbewahren.

Schlehen-Quark-Mus mit Quittensauce

Wer Schlehen will, muss meist in die Natur gehen und sie selbst pflücken. Sie sollten den ersten Frost erlebt haben. Heißer Schlehensaft wirkt übrigens gegen Erkältungen.

Zubereitungszeit:
1 Std. 5 Min.
Kühlzeit: 2–3 Std.

Den Quark mit dem Schlehenmark und 50 g Zucker in einer Schüssel verrühren. Die Zitrone heiß waschen und abtrocknen, die Schale von 1/2 Zitrone fein abreiben und den Saft von 1/2 Zitrone auspressen. Die Zitronenschale unter den Quark rühren. Die Gelatine kurz in kaltem Wasser einweichen.

Inzwischen die Sahne in einer sauberen Schüssel steif schlagen, dann 25 g Zucker unterrühren. Die Gelatine ausdrücken, in einem kleinen Topf bei schwacher Hitze auflösen und lauwarm unter die Quarkmasse rühren. Die Sahne vorsichtig unterheben. Vier Förmchen (6–8 cm Ø) mit dem Öl ausstreichen und mit Frischhaltefolie auslegen. Das Mus in die Förmchen füllen und 2–3 Std. kalt stellen, bis es fest ist.

Für die Sauce die Quitten schälen, vierteln und das Kerngehäuse herausschneiden. Die Viertel in kleine Stücke schneiden. Die Quittenstücke in einen Topf geben, 25 g Zucker, Zitronensaft und Weißwein dazugießen. Die Quitten bei mittlerer Hitze aufkochen lassen und 200 ml Wasser dazugeben, dann zugedeckt bei kleiner Hitze 30 Min. köcheln lassen. Wenn die Flüssigkeit zu stark einkocht, etwas Wasser dazugießen.

Die Quitten mit dem Pürierstab pürieren und abkühlen lassen. Die Mandeln in einer kleinen Pfanne bei schwacher Hitze goldbraun rösten. Das Mus auf Teller stürzen, die Folie abziehen und die Quittensauce rundherum gießen. Mit Mandeln bestreuen.

Tipp: Wer das Schlehenmark selbst herstellen will, pflückt frische Schlehen nach dem ersten Naturfrost. In Wasser kochen, pürieren und durch ein Sieb passieren. Das macht Arbeit, aber es lohnt sich! Und: Man kann auch die Quittenschalen mitkochen, denn sie haben Geschmack und enthalten den Gelierstoff Pektin. Vor dem Pürieren muss man sie jedoch wieder herausnehmen.

Zutaten für 4 Personen:
125 g Magerquark
80 g Schlehenmark
100 g Zucker
1 Bio-Zitrone
2 Blatt weiße Gelatine
200 g Sahne
200 g Quitten
100 ml Weißwein
20 g gehobelte Mandeln
Außerdem:
1 EL Rapsöl
für die Förmchen

WINTER

Sattelbogen

Feldsalat
mit Preiselbeeren und Fasanenstrudel

Im Herbst wächst der Feldsalat im Garten und auf dem Acker – leider auch in Glashäusern. Der Fasan lebt in den Fluren und wird von Oktober bis Dezember gejagt. Zu dieser Zeit sind auch die Preiselbeeren reif.

Zubereitungszeit:
1 Std. 10 Min.

Zutaten für 4 Personen:
Für den Strudel:
150 g Strudel- oder
Blätterteig (tiefgefroren
oder aus dem Kühlregal)
1 Schalotte
6 Maronen
10 g Butter
100 g Fasanenfleisch
(aus der Keule)
40 g Geflügelleber
40 g grüner Speck
Salz, Pfeffer
1 EL Portwein
(nach Belieben)
1 Eigelb zum Bestreichen

Für den Strudel die tiefgefrorenen Teigplatten nebeneinanderlegen und auftauen lassen. Den Backofen auf 180 °C vorheizen. Die Schalotte schälen und fein würfeln. Die Schale der Maronen einritzen. Die Maronen auf ein Blech geben und im Ofen (Mitte, Umluft 160 °C) 8–10 Min. rösten, bis die Schale aufspringt. Herausnehmen, etwas abkühlen lassen und die Schale entfernen. Die Butter in einer Pfanne bei mittlerer Hitze erhitzen, die Schalotte darin 1 Min. anschwitzen. Die Maronen dazugeben und kurz mit anschwitzen, dann erkalten lassen.

Für die Füllung das Fasanenfleisch und die Geflügelleber enthäuten und die Adern entfernen. Den Speck in Würfel schneiden. Fleisch, Leber und Speck durch die feine Scheibe des Fleischwolfs drehen, dabei in einer Schüssel auffangen, mischen und mit Salz und Pfeffer kräftig abschmecken. Nach Belieben den Portwein dazugeben.

Den Backofen auf 180 °C vorheizen. Den Strudelteig mit der Hand auf einem Tuch ausziehen oder den Blätterteig dünn ausrollen. Die Fleischmasse mit einem Löffel in die Mitte des Teiges geben und in den Teig einschlagen. Das Eigelb

mit etwas Wasser und Salz verrühren. Den Strudel damit bestreichen, auf ein Backblech setzen
und im Ofen (Mitte) in 12 Min. knusprig backen.

Inzwischen den Feldsalat putzen, gründlich
waschen und trocken schleudern. Mit Salz und
Pfeffer würzen. Essig und Distelöl verrühren
und den Salat damit anmachen. Die Preiselbeeren leicht erwärmen. Den Sellerie schälen und
in sehr feine Streifen schneiden.

Den heißen Strudel in gleich große Stücke
schneiden und mit dem Feldsalat auf Tellern
anrichten. Die Selleriestreifen und die Preiselbeeren tröpfchenweise über dem Strudel und
Salat verteilen.

Für den Salat:
100 g Feldsalat
(am besten Freilandsalat)
Salz, Pfeffer
1 EL Rotweinessig
3 EL Distelöl
4 EL Preiselbeeren
(roh eingefroren, selbst
eingekocht oder aus
dem Bioladen)
80 g Knollensellerie

Preiselbeeren selber ein-
machen: Entweder roh
langsam mit etwas Zucker
verrühren oder kurz mit
etwas Rotwein und Zucker
aufkochen. Dann in
Schraubgläser füllen.

Winterlicher Wurzelsalat

Alles, was der Markt bietet, ergibt eine vertraute und gesunde Salat-Komposition als Vorspeise oder Zwischengericht. Eine wunderbare Alternative für den üblichen Salat mit Putenstreifen. Ein Gericht mit Jahreszeiten-Vernunft.

Zubereitungszeit:
I Std.
Ziehen: 30 Min.

Zutaten für 4 Personen:
I Petersilienwurzel
I Karotte
I gelbe Rübe
120 g Knollensellerie
I Kartoffel
8 Maronen
6 Walnüsse
4 große Champignons
I Apfel (z. B. Cox Orange)
Salz, Pfeffer
I Prise Zucker
4 EL Apfelessig
8 EL Distelöl

Den Backofen auf 200 °C vorheizen. Die Petersilienwurzel, Karotte, gelbe Rübe, Sellerie und Kartoffel waschen. Das Wurzelgemüse und die Kartoffel ungeschält in einen Dämpfeinsatz geben und über dem heißen Wasserdampf (oder in Salzwasser) in 30 Min. bissfest garen.

Inzwischen die Schale der Maronen einritzen. Die Maronen auf ein Blech geben und im Ofen (Mitte, Umluft 200 °C) 8–10 Min. rösten, bis die Schale aufspringt. Etwas abkühlen lassen und die Schale entfernen. Die Walnüsse knacken und die Walnusskerne entnehmen. Maronen und Walnusskerne klein schneiden.

Die Champignons putzen und mit Küchenpapier abreiben. Das gedämpfte Gemüse häuten und die Kartoffel pellen. Gemüse und Champignons in gleich lange Streifen schneiden. Den Apfel waschen, entkernen und ebenfalls klein schneiden. Mit Gemüse, Kartoffel, Champignons, Maronen und Walnüssen in eine Schüssel geben. Alles mit Salz, Pfeffer und Zucker würzen. Essig mit Distelöl verrühren. Den Salat damit anmachen und bei Zimmertemperatur 30 Min. stehen lassen, dann mit Salz und Pfeffer nochmals abschmecken. Dazu passen z. B. gebratenes Wild, Geflügel oder Innereien.

Winterlauchsuppe mit schwarzer Trüffel

Ein großes Beispiel für die Verbindung von einfacher und Luxus-Küche. Trüffel ist ein vegetarischer Hochgenuss.

Den Lauch putzen, der Länge nach halbieren und waschen. Die hellen Lauchteile fein schneiden, die hellgrünen Teile in gleich große Würfel schneiden und das äußere dunkle Grün in feine Streifen schneiden. Die Trüffel schälen, die Schale fein hacken und die Trüffel entweder in Würfel, feine Scheiben oder feine Streifen schneiden.

Die Butter in einem Topf erwärmen, die dunkelgrünen Lauchstreifen darin kurz anschwitzen, salzen und pfeffern. Den Geflügelfond und 100–200 ml Wasser dazugießen, aufkochen und offen bei mittlerer Hitze 7–10 Min. kochen lassen.

Den Topf vom Herd nehmen. Die Suppe mit einem Pürierstab pürieren und durch ein grobes Spitzsieb in eine Schüssel passieren, dabei den Lauch ausdrücken und wieder in den Topf geben. Die hellgrünen Lauchwürfel und Trüffelschalen dazugeben, die Suppe nochmals offen 1 Min. kochen lassen. Den Topf vom Herd nehmen.

Die Eigelbe mit der Sahne verrühren und die Suppe damit legieren, dabei darf sie nicht mehr kochen. Die Trüffel als Einlage in vorgewärmte tiefe Teller legen und die Suppe daraufgeben.

Zubereitungszeit:
35 Min.

Zutaten für 4 Personen:
1 Stange Lauch
20–40 g schwarze
Trüffel (ca. 1 Stück)
20 g Butter
Salz, Pfeffer
400 ml Geflügelfond
2 Eigelb
80 g Sahne

Brotsuppe mit Leber

Deutschland ist ein Suppenland. Altes Brot wird zum Hochgenuss, die Leber bringt den Kick.

Zubereitungszeit:
35 Min.

Zutaten für 4 Personen:
60 g dunkles Brot
(angetrocknet)
60 g Weißbrot
(angetrocknet)
120 g Kalbs-
oder Geflügelleber
1 Schalotte
1 EL Sonnenblumenkerne
1 EL Kürbiskerne
20 g Butter
500 ml Rinder-
oder Geflügelbrühe
Salz, Pfeffer
1 EL Rapsöl
1 kleines Bund Schnittlauch

Beide Brotsorten in ca. 1 cm große Würfel schneiden. Die Kalbs- oder Geflügelleber in ca. 5 mm große Würfel schneiden. Die Schalotte schälen und fein würfeln. Die Sonnenblumen- und Kürbiskerne mit dem Messer grob hacken.

Die Butter in einer Pfanne erhitzen, die Brotwürfel darin bei mittlerer Hitze in 3–4 Min. leicht braun anbraten. Die Schalotten dazugeben und auch leicht braun anbraten. Die Brühe dazugießen, mit Salz und Pfeffer würzen und alles kurz aufkochen lassen. Dabei nicht zu oft umrühren, damit die Brotwürfel ganz bleiben.

Das Rapsöl in einer Pfanne erhitzen, die Leberwürfel darin kurz anbraten. Die Sonnenblumen- und Kürbiskerne zur Suppe geben. Die Suppe mit Salz und Pfeffer abschmecken. Den Schnittlauch waschen, trocken tupfen und in ca. 1 cm lange Stücke schneiden. Die Suppe auf tiefe Teller verteilen, die warmen Leberwürfel in die Suppe geben und mit dem Schnittlauch bestreuen.

Schwarzwurzelsuppe

···

Das Pendant zur Frühjahrs-Spargelsuppe.

Die Schwarzwurzeln waschen, schälen und schräg in ca. 3 mm dicke Stücke schneiden. Die Zwiebel und den Knoblauch schälen und in feine Würfel schneiden. Die Zitrone heiß waschen und abtrocknen, etwas Schale fein abreiben und 1 TL Zitronensaft auspressen.

Die Butter in einem breiten Topf erwärmen. Die Schwarzwurzeln, Zwiebel und den Knoblauch dazugeben, salzen und pfeffern. Alles mit dem Mehl bestäuben und bei mittlerer Hitze 5 Min. anschwitzen, ohne Farbe annehmen zu lassen. Mit dem Weißwein ablöschen und mit der Brühe aufgießen, dann aufkochen lassen und die Schwarzwurzeln bei mittlerer Hitze in 10 Min. garen. Wenn die Flüssigkeit zu stark eindickt, etwas Wasser dazugießen.

Zubereitungszeit:
50 Min.

Zutaten für 4 Personen:
200–250 g Schwarzwurzeln
1 kleine Zwiebel
1 Knoblauchzehe
1 Bio-Zitrone
20 g Butter
Salz, Pfeffer
1 EL Mehl
100 ml Weißwein
500 ml Gemüsebrühe
60 g tiefgefrorene Erbsen
80 g Sahne
1/2 TL Wasabi (Asialaden)

Als Suppeneinlage sind frische oder geräucherte Süßwasserfische oder Meeresfrüchte ideal.

Ein Drittel der Schwarzwurzeln ohne Flüssigkeit herausnehmen. Den Rest im Topf mit einem Pürierstab pürieren, durch ein nicht zu feines Sieb passieren und wieder in den Topf

geben. Die Zitronenschale, Schwarzwurzelstücke, Erbsen und Zitronensaft dazugeben und
die Suppe erwärmen. Die Sahne in einer kleinen Schüssel steif schlagen und den Wasabi
vorsichtig untermischen. Die Suppe in tiefen
Tellern oder Schalen anrichten und die Sahne
mit einem Teelöffel in kleinen Nocken obendrauf setzen.

Weihnachtssuppe

Aus dieser Festtagssuppe wird leicht ein genuss-
voller Eintopf, falls doch nicht alles an Weihnachten
aufgegessen wurde.

Zubereitungszeit:
1 Std. 10 Min.

Zutaten für 4 Personen:
1 Entenkeule (ca. 200 g)
1 kleine Zwiebel
200 g Weißkraut
60 g Knollensellerie
6 Maronen
1/2 Bund Petersilie
2 EL Entenfett
Salz, Pfeffer
1/2 l Gemüsebrühe

Den Backofen auf 200 °C vorheizen. Die
Entenkeule abbrausen und mit Küchenpapier
trocken tupfen. Das Fleisch vom Knochen
lösen und in gleichmäßige Stücke schneiden.
Die Zwiebel schälen, halbieren und in Streifen
schneiden. Das Weißkraut waschen und putzen.
Den Sellerie schälen. Das Kraut und den Sellerie in feine Streifen schneiden.

Die Schale der Maronen einritzen. Maronen
auf ein Blech geben und im Backofen (Mitte)
8–10 Min. rösten, bis die Schale aufspringt.
Herausnehmen, etwas abkühlen lassen und die
Schale entfernen. Die Maronen fein hacken. Die
Petersilie waschen und trocken schütteln, die
Blätter fein schneiden.

Das Entenfett in einem Topf erhitzen, das
Fleisch darin bei mittlerer Hitze rundum
3 Min. anbraten. Die Zwiebel-, Kraut- und Sel-

leriestreifen dazugeben, gut salzen und pfeffern. Mit der Brühe und 500 ml Wasser auffüllen, aufkochen und zugedeckt bei kleiner Hitze 30 Min. köcheln lassen, bis das Entenfleisch weich ist. Die Maronen und die Petersilie unterrühren. Wenn nötig, die Suppe mit Salz und Pfeffer abschmecken.

Bei einer gebratenen Ente oder Gans bleiben immer kleine Fleischreste am Knochen, und die schmecken in der Suppe richtig gut.

Dieter Hildebrandt

Der Mohn ist ausgegangen –
Wie man 1945
Mohkliessla machte

Man muss, ob Mann ob Frau, kochen können in diesen genussfreudi-gen Zeiten. Spitzenköche beherrschen die Prominentenszene. Wer etwas auf sich hält, kocht mit Berti, Bruni, Bio oder schreibt Kochbücher, wird Menü-Referent in Großkonzernen, Juryteilnehmer bei Kochmeister-schaften oder eröffnet Agenturen für internationale Meisterköche. Gau-menfestivals und Gipfeltreffen der Superköche werden vorbereitet, und sehr bald werden wir die so lange schmerzlich vermisste Lukulliade besu-chen können. Wunderschöne Preise sind bereits zu gewinnen: der Golde-ne Tiegel von Aix en Provence – die Siegespfanne von Vilsbiebichstein – der Krummenreuther Kochlöffel und die Lederzunge der Uckermark.

Der deutsche Spitzenpreiseverzehrer mit dem sensiblen Gaumen, der Weinkenner mit dem überlegenen Wissen um die Genealogie jeder ein-zelnen Rebe hat die Szene betreten. Der deutsche Festmahl-Trampel hat ausgedient. Er befindet sich in der Champions League der Topgourmets. Seine Kritikfähigkeit hat erstaunlich zugenommen. Aber auch seine Kri-tikwilligkeit. Ich glaube gehört zu haben, dass eine Dame in einem teuren

Restaurant spitz bemerkte: »Probier doch mal, Detlev, findest du nicht, dass der Kaffee korkt?« Vielleicht habe ich mich verhört. Dies alles bedenkend, meine ich, dass es an der Zeit wäre, sich an historische Rezepte aus hungrigen Zeiten zu erinnern, solange man als Zeuge dieser Jahre noch Auskunft geben kann.

Als meine Mutter uns am Weihnachtsabend 1945 zu Tisch bat, hatten wir gar keinen Tisch. Vater, Mutter und Bruder (3) waren kurze Zeit vorher, im März des letzten Kriegsjahres vom Pferdewagen heruntergestiegen und notdürftig in einem Zimmer untergekommen, das unmöbliert, aber heizbar war. Im Oktober war ich zu ihnen gestoßen, hatte ihre Adresse in den Flüchtlingskarteien gefunden und bereicherte die Wohngemeinschaft, die nun trotzig Weihnachten feiern wollte.

Mutter sagte: »Vor ein paar Jahren noch hätte ich mir eines von diesen Kochbüchern genommen, in denen Rezepte vermerkt waren, die gewöhnlich so begannen: ›Man nehme sieben bis acht Kilo Rindfleisch...‹ und würde zwei bis drei Tage gekocht, gebrutzelt und gebacken haben, jetzt habe ich nicht einmal die Kochbücher mit auf die Flucht nehmen können.«
Dass wir nun keinen Tisch hatten, auf den etwas zu essen kommen sollte, war halb so schlimm, denn mein Vater hatte eine alte Tür aus einer Hausruine geschenkt bekommen und die auf zwei Baumstümpfe gelegt, die er irgendwoher hatte.

Erstaunlicherweise ist im Familienrat beschlossen worden, trotz aller Widrigkeiten die traditionellen schlesischen Mohnklöße zu essen. Tja, was nehme man denn da?

Mutter meinte, da nehme man Mohn – Milch – Zucker – Semmel und streue darüber Puderzucker. Im Oktober hatte diese Besprechung schon stattgefunden, und die Nennung der nötigen Zutaten bewirkte ein großes Gelächter.

Es war noch alles so, wie es bei Anbruch des Friedens schon gewesen ist. Was es da alles nicht gegeben hatte, gab es ein paar Monate später nicht nur nicht, sondern noch viel weniger. Das Einzige, was als Verbesserung der Lage anzusehen war: Es wurde nicht mehr geschossen. Und nun sollten in einer Zeit, in der man bayerische Bauern um stecken gelassene Kartoffeln im Acker bestehlen musste, Mohnklöße auf die Tür! Auf den Tisch

meine ich, der eine Tür war. Wir überlegten, besahen die Reste unseres Besitzes, Dinge, die in Panik auf den Pferdewagen geworfen wurden und nun nutzlos in den Ecken herumlagen, und verwandelten sie in unserer Fantasie in Lebensmittel. Hier nun das Rezept, nach dem meine Mutter die Mohnklöße in gewohnter Friedensqualität hergestellt hat.

Man nehme ... die Erinnerung zur Hilfe, die einem sagt ›DÜNNE SCHEIBEN, VON SEMMELN GEMACHT, WERDEN ZUERST IN SÜSSLICHER MILCH GEBRÜHT!!!‹

Woher nehme man sie? Die Milch?

Da nehme man den Sechsuhrzug, es fährt nur ein einziger früh am Morgen und einer spät am Abend, steige in Weiden (Oberpfalz) aus, versuche, einen Zug nach Nabburg zu bekommen und, wenn das gelingt, gehe man in südwestlicher Richtung zweieinhalb Stunden in ein Dorf, denn dort wohnt ein guter Bekannter aus der Gegend von Hirschberg, der bei einem großen Bauern arbeitet, der zwar ein Beamter des Reichsnährstandes gewesen ist, aber der von diesem Bauern geduldet wird, weil er ein guter Kühemelker zu sein scheint.

Natürlich war nicht daran gedacht, die Milch für die Mohnklöße auf diesem Hof zu erhalten. Es wäre auch zu gefährlich gewesen, weil der Bauer auf bettelnde Fremde in der Regel seinen Hofhund hetzte. Nein, meine Mutter hatte sich das viel geschickter ausgedacht. Nach zwei Tagen kehrte sie zurück und meinte, für die zu nehmende Milch wäre nun gesorgt. Mehr verriet sie nicht.

Eine Woche später hielt ein klappriger Lastwagen vor dem Haus und holte unseren Teppich ab, der zu Hause unser »Herrenzimmer« geschmückt hatte. Dafür ließ er uns eine Ziege da. Für die Milch war gesorgt. Woher sollten aber die »DÜNNEN SCHEIBEN VON SEMMELN GEMACHT« kommen?

Sie kamen auf folgende Weise: Unsere kostbaren zwei Pferde durften im Kuhstall des Müllers stehen, wofür Vater natürlich Gespanndienste leisten musste. Auf die schüchtern vorgetragene Frage, ob da nicht auch ein bisschen Mehl dabei herausspränge, kam von seiten des Müllers ein Kopfschütteln. Zwei Tage später klopfte er an unserer Tür und machte einen Vorschlag, den der Vater, ohne lange zu überlegen, annahm.

Es stellte sich heraus, dass der Müller auch Probleme hatte. Er wollte seiner Frau unbedingt ein neues Porzellanservice zu Weihnachten schenken, wusste aber nicht, wie er zu einer Tankladung Benzin kommen sollte, die der Abteilungsleiter der ortsansässigen Porzellanfabrik für das Service forderte. Er kannte aber einen Mann, der im Motor-Pool der US-Army arbeitete, der Benzin in alle Richtungen laufen lassen konnte, dafür aber große Mengen erstklassiges Holz für den Winter forderte. Der Müller besaß ein ansehnliches Stück Wald und bot meinem Vater an, mit seinen zwei Pferden das geschlagene Holz aus dem Holz abzufahren und vor dem Haus des Benzinvermittlers aufzuschichten. Der Preis sollte ein Säckchen unbezahlbares Weizenmehl sein.

Nun aber verlangen die Mohnklöße folgendes: »JEGLICHE SCHICHT (der Semmelscheiben, die aus Porzellan, Benzin und Feuerholz entstanden sind) WERDEN ZUERST IN SÜSSLICHER MILCH GEBRÜHT (die, wir erinnern uns, aus dem Teppich entstanden ist) UND IN SCHICHTEN SAUBER GETÜRMT, INDES FÜR ZWISCHENRÄUME DER LAGE JEGLICHE SCHICHT DURCHNETZT GESCHMOLZENER ZUCKER ...« Man nehme also Zucker. Woher?

Da nehme man wieder den Sechsuhrzug nach Weiden, steige in den Zug nach Regensburg und versuche von dort aus in ein nahegelegenes Obstanbaugebiet zu kommen. Nach ein, zwei Tagen könnte man dort angekommen sein. Mit ziemlicher Sicherheit trifft man auf dem Bahnhof Menschen, die auf dem Land Obst pflücken durften, das schon ein wenig angeschlagen war. Um ihnen einen Teil der Äpfel abzuschwatzen, hatte meine Mutter Ziegenkäse gemacht und tauschte nun die Milch der Ziege, die eigentlich unser Teppich gewesen ist, in Fallobst ein. Das nun schleppte sie nach Hause und gab es einer Lebensmittelhändlerin, die darüber klagte, dass ihre Kinder zu wenig Obst bekämen. Nun hatten wir auch Zucker. Aber keinen Mohn.

Woher soll man den in Bayern nehmen? Schlesien war ein Mohnanbaugebiet. Vor Christi Geburt schon gab es bei uns Mohn. Wer es nicht glauben

mag, der sei daran erinnert, dass im schlesischen Dialekt das Wort »Moohgootl« vorkommt. Es bezeichnet einen Menschen, der ein bisschen dösig wirkt, verschlafen eben oder verträumt.

Mohn macht dumm, hatte man uns als Kinder beigebracht. Damit ist vermutlich der Schlafmohn gemeint oder vielleicht gar der Mohn-Sirup Sirupus Papaverdis, der schon bei den Römern als Schlafmittel galt. Es gibt Theorien, die einen Zusammenhang zwischen Mohn, den Goten und den Römern vermuten. Dass die Goten ein paar hundert Jahre in Schlesien verbracht haben, bevor sie sich entschlossen, den Untergang Roms zu beschleunigen und mit roher Gewalt ganz Italien heimzusuchen, muss ich nicht mehr erwähnen, denn das haben wir schon in der Schule gelernt. Hinzugelernt habe ich, dass ein Teil dieser Goten, es waren übrigens Südgoten, also ein Stamm, von dem man nie gesprochen hat, immer nur von den Ost- und Westgoten, die Mohnsüchtigen unter den Goten an der Oder ausgesetzt hat, und dieses sind nun die bereits erwähnten »Moohgootl«.

Ein solches muss der Mensch gewesen sein, der seinen Mohnvorrat verkaufen wollte für eine Packung Chesterfield. Für diese Packung haben wir schwere Opfer bringen müssen. Besonders unsere Ziege musste herhalten. Zwei Liter Milch und Mutters schönster Ring für ein paar Schuhe (Secondfoot), die an einen Mitarbeiter der PX in der Patton-Kaserne gingen. Der hatte die Zigaretten völlig fantasielos einfach geklaut.

Es war geschafft. Am 24. Dezember aßen wir Mohnklöße! Schlesier müssen an diesem Tag Mohnklöße essen, weil ihnen damit garantiert wird, dass das Geld nicht ausgeht. Nach dem Essen haben wir sehr gelacht, denn wir stellten fest, dass wir gar keins hatten. Aber wir hatten sehr, sehr gute Laune.

Dieter Hildebrandt kann überhaupt nicht kochen, aber er bereitet leidenschaftlich und zuverlässig **Hundefutter** zu.

Abdruck mit freundlicher Genehmigung des Autors

Krusten-Netzbraten
mit Roter Bete und Lauch

Lieber einen saftigen Bauch als ein trockenes Kotelett: Gut durchwachsener Schweinebauch ist das perfekte Fleisch zum Braten, noch dazu im eigenen Netz. Das duftet nach Sonntagmittag.

Den Backofen auf 200 °C vorheizen. Eine passende Bratreine ca. 1 cm hoch mit kochendem Wasser füllen. Den Schweinebauch mit der Schwarte nach unten hineinlegen, salzen und im Ofen (Mitte, Umluft 180°) 30 Min. braten. Das Fleisch herausnehmen, wenden und die Schwarte mit einem scharfen Messer rautenförmig einschneiden. Im Ofen 30 Min. weiterbraten, bis die Kruste kross ist. Dann die Hitze auf 140 °C (Umluft 130 °C) reduzieren und in 15 Min. fertig garen.

Inzwischen das Schweinenetz unter kaltem, leicht laufendem Wasser wässern, bis es weiß und geruchsneutral ist. Die Zitrone heiß waschen, abtrocknen und 1 EL Schale abreiben. Den Knoblauch schälen und fein hacken. Zitronenschale, Knoblauch, Kümmel und Schweineschmalz zu einer Paste verarbeiten. Die Petersilie waschen und trocken schütteln, die Blätter abzupfen.

Den Bauch herausnehmen, zwischen den Rippen zu zwei Dritteln einschneiden. Die Würzpaste zwischen die Scheiben streichen, die Petersilienblätter dazwischenlegen und das ganze Bratenstück in das Schweinenetz einschlagen. Im Ofen (Mitte) bei 200 °C (Umluft 180 °C) in 30 Min. goldbraun braten.

Zubereitungszeit:
2 Std. 15 Min.

Zutaten für 4 Personen:
1 kg Schweinebauch mit Rippenknochen und Schwarte (beim Metzger vorbestellen)
Salz
250 g Schweinenetz (beim Metzger vorbestellen)
1 Bio-Zitrone
2 Knoblauchzehen
1 TL Kümmelsamen
1 EL Schweineschmalz
1 kleines Bund glatte Petersilie
2 Rote Beten
1 Stange Lauch
1 EL Zucker
2 EL Obstessig
20 g Butter
Pfeffer

Inzwischen die Roten Beten schälen und achteln. Den Lauch putzen und gründlich waschen, vom weißen Ende her in fingerdicke Scheiben schneiden. Den Zucker in einer Sauteuse karamellisieren lassen, mit Essig und 100–150 ml Wasser ablöschen. Die Roten Beten darin bei mittlerer Hitze in 20 Min. garen. Dann 10 g Butter einschwenken. Den Lauch in einer Sauteuse mit der restlichen Butter, 100 ml Wasser, Salz und Pfeffer zugedeckt à la Vichyssoise dünsten, bis die Flüssigkeit verdampft ist.

Den Braten an den Einschnittstellen in Scheiben schneiden und jeweils 1 Scheibe Krustenbraten mit Aromaten, Lauch, Roter Bete und etwas Schweinejus (aus der Reine) anrichten.

Gebratene Spanferkelrückenrolle mit saurem Kartoffelgemüse

Sie sollten mit dem Metzger flirten, damit er das Fleisch genau nach Rezept herausschneidet.
Das saure Kartoffelgemüse – auch Kartoffelgulasch genannt – ist durch den Essig sehr bekömmlich.

Zubereitungszeit:
1 Std. 50 Min.

Den Backofen auf 200 °C vorheizen. Für die Sauce die Zwiebel und Karotte schälen. Den Staudensellerie waschen und putzen. Das Gemüse in ca. 1 cm große Stücke schneiden.

Die Frühlingszwiebeln putzen und in kochendem Wasser 2 Min. blanchieren. Herausnehmen und abtropfen lassen, dann 2 davon in ca. 2 cm lange Stücke schneiden. Die Kartoffeln und den Sellerie schälen und in ca. 1 cm große Würfel schneiden. Die junge Zwiebel und den Knoblauch schälen und fein würfeln. Die jungen Karotten nur waschen, das Grün nicht ganz abschneiden und die Karotten in Scheiben schneiden. Den Majoran waschen und trocken tupfen.

Die Rippenknochen am Spanferkelrücken frei schneiden, von allen Seiten mit Salz und Pfeffer würzen. Die restlichen Frühlingszwiebeln und 2 Zweige Majoran an ein Ende des Fleisches legen. Den Spanferkelrücken zusammenrollen und mit Küchengarn zusammenbinden.

Rapsöl in eine Bratreine geben, die gehackten Rückenknocken dazugeben und den Spanferkelrücken mit der Hautseite nach oben auf die Rückenknochen setzen. Im Ofen (Mitte, Umluft 180 °C) 15 Min. braten, bis die Knochen Farbe angenommen haben. Zwiebel, Karotte und Staudensellerie dazugeben und 30–35 Min. weiterbraten. Dabei für die Sauce immer wieder etwas Wasser angießen. Mit stärkerer Oberhitze erhält der Braten eine schöne Kruste!

Die Kartoffelwürfel in eine zweite Bratreine geben und im Ofen (unten) bei 200 °C 2 Min. anbraten. Zwiebel und Knoblauch dazugeben und mit 200 ml Wasser und Obstessig aufgießen. Selleriewürfel und Karotten zufügen und alles in 15 Min. fertig garen. Die Blätter von den übrigen Majoranzweigen abzupfen. Die Kartoffeln mit Salz, Pfeffer und Majoran würzen. Die Frühlingszwiebelstücke untermischen.

Den Braten herausnehmen und warm halten. Bratenfond durch ein Sieb passieren und auffangen. Das Fleisch aufschneiden. Das Gemüse auf Teller geben, die Fleischscheiben drauflegen und die Sauce rundherum gießen.

Zutaten für 4 Personen:
1 Zwiebel
1 Karotte
50 g Staudensellerie
4 Frühlingszwiebeln
4 mittelgroße Kartoffeln
(ca. 200 g)
80 g junger Knollensellerie
1 junge Zwiebel
1 Knoblauchzehe
150 g junge Karotten mit Grün
6 Zweige Majoran
1 Spanferkelrücken mit Bauch (ca. 1,2–1,4 kg; ideal sind 12–14 Wochen alte Milchferkel)
Salz, Pfeffer
4 EL Rapsöl
ca. 400 g gehackte Rückenknochen
2 EL Obstessig
Außerdem:
Küchengarn

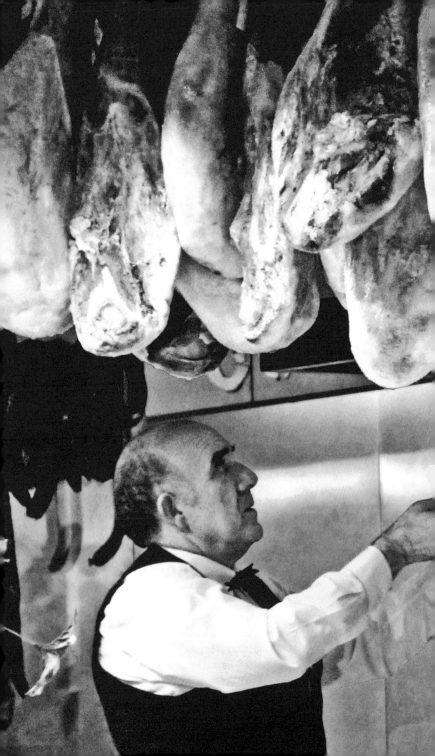

Rheinischer Sauerbraten

Heimat-Food für NRW. Sauerbraten ist in unterschiedlichen deutschsprachigen Regionen bekannt. Die Beize macht das Fleisch zart und auch länger haltbar. Der Sauerbraten mag also aus den früheren Hausschlachtungen entstanden sein. Man sollte jedoch trotzdem beim Fleisch auf Qualität achten. Die Schulter vom Rind eignet sich dafür hervorragend.

Zubereitungszeit:
45 Min.
Marinierzeit: 2–3 Tage
Schmorzeit: ca. 2 Std.

Den Rotweinessig mit 300 ml Wasser, Pfefferkörnern, Wacholderbeeren und Lorbeerblatt aufkochen lassen. Dann die Marinade abkühlen lassen. Das Fleisch in die kalte Marinade legen und zugedeckt im Kühlschrank 2–3 Tage marinieren, dabei das Fleisch immer wieder wenden.

Das Fleisch aus der Marinade nehmen und mit Küchenpapier trocken tupfen. Die Marinade durch ein Sieb gießen und auffangen. Zwiebel, Karotte, Petersilienwurzel und Sellerie schälen. Die Zwiebel und das Gemüse grob klein schneiden. Das Öl in einem Schmortopf erhitzen, das Fleisch darin bei mittlerer Hitze auf jeder Seite 4–5 Min. kräftig anbraten. Das Gemüse, die Marinade und den Rotwein dazugeben. Das Fleisch zugedeckt bei kleiner Hitze 1 Std. 30 Min. bis 2 Std. schmoren lassen.

Inzwischen das Stielmus waschen und putzen, dabei die großen Stängel entfernen (nicht verwenden). Das Stielmus in kochendem Wasser 1–2 Min. blanchieren. Dann herausnehmen und abtropfen lassen.

Ca. 15 Min. vor dem Ende der Schmorzeit 100 ml Schmorsud abnehmen und die Rosinen darin erwärmen. Den Pumpernickel zerbröseln. Das Fleisch aus dem Topf nehmen. Die Sauce und das Gemüse durch ein Sieb in einen anderen Topf passieren. Dann mit Rosinen, Einweichflüssigkeit und Pumpernickel aufkochen lassen. Die Sauce mit Salz und Pfeffer abschmecken, wenn nötig, etwas Rotweinessig dazugeben.

Die Butter in einem Topf schmelzen lassen, das Stielmus darin 5 Min. dünsten. Mit Salz, Pfeffer und nach Belieben mit Muskat würzen. Das Fleisch in Scheiben schneiden, auf Tellern anrichten und die Sauce darübergeben. Das Gemüse dazu servieren.

Zutaten für 4 Personen:

200 ml Rotweinessig

1/2 TL schwarze Pfefferkörner

2 Wacholderbeeren

1 Lorbeerblatt

1 kg mageres Rindfleisch (z. B. flache Rinderschulter)

1 Zwiebel

1 Karotte

1 Petersilienwurzel

1/2 Knollensellerie

6 EL Rapsöl

200 ml Rotwein

1 kg Stielmus (Rübstiel)

80 g Rosinen

50 g Pumpernickel

Salz, Pfeffer

20 g Butter

frisch geriebene Muskatnuss (nach Belieben)

Zum Rheinischen Sauerbraten passen als klassische Beilage auch Kartoffelpuffer und Rotkohl.

Rinderlenden-Rouladen rosa gebraten

Die gute alte Roulade ist ein typisches deutsches Festtagsgericht. Die moderne Version verzichtet auf Bauchspeck, zarte Lende verleiht Qualität.

Zubereitungszeit:
1 Std. 10 Min.

Zutaten für 4 Personen:
Für die Rouladen:
8 Scheiben Rinderlenden
(à ca. 80 g)
1 kleine weiße Zwiebel
80 g Weißes von 1 Stange
Lauch
20 g Butter
Salz, Pfeffer aus der Mühle
1 EL Senfkörner
2 TL mittelscharfer Senf
6 EL Rapsöl
Rouladennadeln
oder Holzspießchen
Für das Gemüse:
1 Karotte
1 Petersilienwurzel
2 Stangen Staudensellerie
10 g Butter
Salz, Pfeffer
Für die Sauce:
100 ml Rotwein
4 EL Grundsauce
(dunkle Kalbssauce s. S. 19)
1 EL Balsamessig
20 g kalte Butter

Die Rinderlendenscheiben in Frischhaltefolie einschlagen, mit einem breiten Messer breit und gleichmäßig ausklopfen und kalt stellen. Die Zwiebel schälen, den Lauch putzen und waschen. Beides in feine Würfel schneiden. 20 g Butter in einer Pfanne erhitzen, Zwiebel und Lauch darin bei mittlerer Hitze 2–3 Min. dünsten. Mit Salz, Pfeffer und Senfkörnern würzen.

Fleisch auslegen, mit Senf bestreichen und die Zwiebel-Lauch-Mischung gleichmäßig darauf verteilen. Aufrollen und mit Rouladennadeln oder Holzspießchen fixieren.

Das Rapsöl in einer Pfanne erhitzen, die Rouladen darin je nach Dicke in 4–6 Min. rundherum anbraten, bis sie außen braun und innen rosa sind (bei der Nadelprobe sollte die Nadel innen lauwarm sein). Zwischendurch mit Salz und Pfeffer aus der Mühle würzen.

Für das Gemüse die Karotte und Petersilienwurzel schälen, den Staudensellerie putzen und waschen. Das Gemüse in 4–5 cm lange und ca. 5 mm breite Stäbchen schneiden und mit 10 g Butter in eine breite Sauteuse geben. Das Gemüse salzen und pfeffern, mit Wasser knapp bedecken, aufkochen und bei mittlerer Hitze 5–7 Min. kochen lassen, bis die Flüssigkeit verdampft ist.

Die Rouladen aus der Pfanne nehmen und warm halten. Den Rotwein in die noch heiße Pfanne gießen, Grundsauce und Essig hinzufügen, aufkochen und einkochen lassen, bis die Sauce dickflüssig ist. Durch ein feines Sieb in einen Topf passieren und die restliche kalte Butter unterrühren. Rouladen in der Mitte schräg durchschneiden. Das Gemüse in die Mitte der Teller geben und je 4 Rouladenstücke drum herumlegen. Die Sauce darüberträufeln. Zu den Rouladen passen Kartoffelgratin oder Kartoffelrösti.

Gefüllter Kohlrabi

Gemüse erhöht die Kreativität in der Küche. Man kann nicht nur Paprika, Tomaten oder Auberginen füllen, der Kohlrabi eignet sich auch gut, weil er kompakt in der Form bleibt. Eine Backform der Natur.

Den Backofen auf 200 °C vorheizen. Die Kohlrabi schälen und von der Blätterseite her mit einem Gemüseausstecher aushöhlen, dabei einen Rand von ca. 1 cm frei lassen. Die ausgelösten Kohlrabistücke fein schneiden.

Die Schale der Maronen einritzen. Die Maronen auf ein Blech geben und im Ofen (Mitte, Umluft 180 °C) 8–10 Min. rösten, bis die Schale aufspringt. Herausnehmen, etwas abkühlen lassen und die Schale entfernen. Die Walnüsse knacken und die Walnusskerne entnehmen. Die Maronen und Walnusskerne fein hacken.

Zubereitungszeit:
1 Std. 25 Min.

Zutaten für 4 Personen:
4 Kohlrabi (à ca. 200 g)
4 Maronen
4 Walnüsse
200–250 g Kapaun- oder Entenleber
40 g Geflügelleber
1/2 Bund Petersilie
20 g Butter
2 EL Preiselbeeren (roh gefroren oder aus dem Bioladen)

Die Kapaun- und Geflügelleber enthäuten und die Adern entfernen. Die Lebern in kleine Würfel schneiden. Die Petersilie waschen und trocken tupfen, die Blätter fein schneiden.

Die Butter in einer Sauteuse erwärmen, die ausgehöhlten Kohlrabi darin von beiden Seiten bei mittlerer Hitze 2 Min. andünsten. 100 ml Wasser dazugießen und die Kohlrabi zugedeckt weitere 2 Min. dünsten. Die klein geschnittenen Kohlrabistücke dazugeben und 1 Min. mitdünsten, dann wieder aus der Sauteuse nehmen. Die Kohlrabi damit füllen. Die Nüsse, Maronen, Leberwürfel, Petersilie und Preiselbeeren vermischen und ebenfalls in die Kohlrabi füllen. Die gefüllten Kohlrabi auf ein Pizzablech geben und im heißen Ofen (Mitte) bei 200 °C (Umluft 180 °C) in 10–20 Min. fertig garen (bei der Nadelprobe sollte die Mitte der Nadel gut warm sein). Dazu passt die dunkle Kalbssauce (s. S. 19).

Geschmorte Flachrippe vom Rind mit Fingernudeln und Grünkohl

Schmoren bedeutet große Küche. Die Flachrippe wurde lange unterschätzt, dabei ist sie gut durchwachsen und schmackhaft zugleich.

Zubereitungszeit:
2 Std. 15 Min.

Für die Fingernudeln die Kartoffeln mit Schale in 25–30 Min. weich garen. Inzwischen die Fleischstücke salzen, pfeffern und in Mehl wenden. Die Zwiebel schälen und klein würfeln. Das Gemüse waschen, putzen und in kleine Würfel schneiden. Das Rapsöl in einem

Schmortopf erhitzen, die Fleischstücke darin von allen Seiten 1 Min. anbraten. Zwiebel und Gemüse dazugeben und kurz mitrösten, dann mit dem Bier und 300 ml Wasser aufgießen. Das Fleisch zugedeckt bei kleiner Hitze 1 Std. 30 Min. bis 2 Std. schmoren lassen.

Inzwischen die Kartoffeln ausdampfen lassen, pellen und durch die Kartoffelpresse drücken oder fein reiben. Dann mit Salz, Pfeffer und Muskat würzen. Die Eigelbe dazugeben und mit den Kartoffeln vermischen, nach Bedarf 1–2 EL Mehl unterrühren. Die Kartoffelmasse finger-förmig abdrehen, dabei immer etwas Mehl verwenden, damit die Masse nicht an den Hän-den kleben bleibt.

Den Grünkohl waschen, putzen und die Blätter ablösen. Die Grünkohlblätter in kochendem Wasser 2 Min. blanchieren, dann herausneh-men, abtropfen lassen und in mundgerechte Stücke schneiden.

Die Rippen aus der Sauce nehmen und warm halten. Die Sauce durch ein Sieb gießen, wieder in den Topf geben und offen bei starker Hitze in 3–5 Min. sämig einkochen lassen. Wenn nötig, mit Salz und Pfeffer abschmecken. Die Petersi-lie untermischen.

10 g Butterschmalz in einer Pfanne erhitzen, die Fingernudeln darin in 5–7 Min. rundherum goldbraun braten. Das restliche Butterschmalz erhitzen, den Grünkohl dazugeben, salzen und pfeffern und in 3–5 Min. leicht braun braten. Das Fleisch in die Mitte der Teller legen und mit Sauce überziehen. Die Fingernudeln und den Kohl abwechselnd drum herumlegen.

Zutaten für 4 Personen:

300 g mehligkochende Kartoffeln

4 Stück Rinderflachrippe mit Rippenknochen (à 250 g; gut marmoriert)

Salz, Pfeffer

Mehl

1 Zwiebel

1 kleine Karotte

80 g Knollensellerie

50 g Lauch

4 EL Rapsöl

500 ml dunkles Bier

frisch geriebene Muskatnuss

2 Eigelb

1 Grünkohl (ca. 450 g)

1 EL frisch gehackte Petersilie

20 g Butterschmalz

Geschmorte Rehschulter
mit Rotweinsauce und Gemüsetaschen

Die gute Küche verwendet das ganze Tier: Es läuft ja
nicht nur der Rehrücken durch den Wald! Die
Frische und der Biss der Gemüsemaultaschen sind
ein gutes Pendant zum Fleisch.

Zubereitungszeit:
55 Min.

Schmorzeit:
1 Std. 30 Min.

.

Den Backofen auf 200 °C vorheizen. Zwiebel,
Sellerie und Karotte schälen und klein schneiden. Die Rehschulter am Gelenk durchschneiden. 5 EL Rapsöl und 40 g Butter in einer Bratreine im Backofen erhitzen. Die Rehschulter in
die Reine geben und im Ofen (Mitte, Umluft
180 °C) 20 Min. anbraten. Zwiebel, Sellerie und
Karotte dazugeben, mit Mehl bestäuben und
10 Min. mitgaren. Dann mit 500 ml Rotwein
und 300 ml Wasser begießen, mit Salz und Pfeffer würzen und im Ofen bei 180 °C (Umluft
160 °C) 1–1 Std. 30 Min. schmoren lassen.

Inzwischen für die Gemüsetaschen den Lauch
putzen, waschen und in Stücke schneiden. Das
übrige Gemüse schälen und in mittelgroße
Würfel schneiden, salzen und pfeffern. 40 g
Butter in einem kleinen Topf erwärmen, das
Gemüse darin bei mittlerer Hitze in 3–4 Min.
bissfest garen. Tiefgekühlte Reisblätter auftauen
lassen oder trockene Reisblätter 3–4 Min. auf
ein feuchtes Tuch legen.

Die Birnen schälen, der Länge nach halbieren,
das Kerngehäuse entfernen. Die Birnenhälften,
den restlichen Rotwein und den Zucker in
einen kleinen Topf geben und zugedeckt bei
mittlerer Hitze in 15 Min. garen.

Das lauwarme Gemüse auf den Reisblättern verteilen und die Reisblätter einschlagen. Die Rehschulter vorsichtig aus der Sauce nehmen, portionieren und warm halten. Die Schmorsauce durch ein grobes Sieb passieren oder drücken, nochmals aufkochen lassen und mit Salz und Pfeffer abschmecken.

4 EL Rapsöl in einer Pfanne erhitzen, die Gemüsetaschen darin auf jeder Seite in 1 Min. knusprig braten. Das Fleisch auf warmen Tellern anrichten, je 1 Gemüsetasche und Birnenhälfte dazugeben. Die Sauce darübergeben.

Zutaten für 4 Personen:
1 kleine Zwiebel,
80 g Knollensellerie
1 kleine Karotte
1 große oder 2 kleine
Rehschultern (1,2–1,6 kg;
beim Metzger vorbestellen)
5 EL Rapsöl
40 g Butter
1 EL Mehl
750 ml kräftiger Rotwein
Salz, Pfeffer

Für die Gemüsetaschen:
80 g Lauch
200 g Knollensellerie
1 Petersilienwurzel
1 Karotte
Salz, Pfeffer
40 g Butter
4 Reisblätter (Asialaden; tiefgefroren oder getrocknet)
2 Birnen (z. B. Alexander)
1 EL Zucker
4 EL Rapsöl

Die Schmorsauce lässt sich sehr gut mit Preiselbeeren, Cranberrys oder kleinen Maronenstücken verfeinern.

Frischlingsrücken
mit Pilzfarce und Gemüsestreifen

Es gibt immer mehr Wildschweine in unserem Land. Für viele ist der Frischling das bessere und gesündere Schweinefleisch.

Zubereitungszeit:
2 Std.

Zutaten für 4 Personen:
150 g tiefgefrorene
Steinpilze
(oder 40 g getrocknete)
150 g Champignons
1/2 Bund Petersilie
1 Schalotte
80 g Karotten
80 g Lauch
80 g Knollensellerie
1 Frischlings-Rückenstrang
(ca. 600 g; beim Metzger
vorbestellen)
200 g Blätterteig
(tiefgefroren oder aus
dem Kühlregal)
4 EL Rapsöl
200 ml Rotwein
40 g Butter
200 g Schweinefleisch
(aus der Keule)
100 g grüner
Schweinespeck
Salz, Pfeffer
1 Eigelb

Die tiefgefrorenen Steinpilze kurz auftauen lassen, die getrockneten in wenig Wasser 15 Min. einweichen. Dann die Pilze in kleine Stücke schneiden. Die Champignons putzen, mit Küchenpapier abreiben und vierteln. Die Petersilie waschen und trocken tupfen, die Blätter abzupfen. Die Schalotte schälen und fein schneiden. Das Gemüse putzen und waschen, erst in Scheiben und dann gleichmäßig in feine Streifen schneiden, dabei die ungleichmäßigen Pilz- und Gemüsestücke für die Grundsauce verwenden.

Das Frischlingsfilet auslösen, dabei mit einem Auslösemesser am Knochen entlang schneiden und das Filet vom Knochen trennen. Die feinen Häutchen von beiden Seiten des Filets entfernen. Die Rückenknochen fein hacken. Die Blätterteigplatten nebeneinanderlegen und auftauen lassen.

Für die Sauce das Rapsöl erhitzen, die gehackten Rückenknochen, die Fleischabschnitte und -häutchen darin bei mittlerer Hitze braun braten. Die Pilz- und Gemüsereste dazugeben, mit dem Rotwein ablöschen und zugedeckt bei kleiner Hitze 1 Std. köcheln lassen. Dabei immer wieder etwas Wasser dazugeben.

Inzwischen für die Farce 20 g Butter in einer
Pfanne erhitzen, die Schalotte, Steinpilze und
Champignons darin bei mittlerer Hitze 2 Min.
anschwitzen. Dann vom Herd nehmen und
erkalten lassen. Das Schweinefleisch und den
Speck in kleine Stücke schneiden, salzen und
pfeffern, mit den Petersilienblättern und Pilzen
mischen. Die Fleischmischung durch die feine
Scheibe des Fleischwolfs drehen und in einer
Schüssel auffangen, verrühren, mit Salz und
Pfeffer würzen und kalt stellen.

Den Backofen auf 200 °C vorheizen. Die aufge-
tauten Blätterteigplatten übereinanderlegen
und etwa zweimal größer, als der Frischlings-
rücken ist, zu einem Rechteck ausrollen. Das
Frischlingsfilet mit Salz und Pfeffer würzen, auf
den Teig legen und mit der Farce bestreichen.
Das Eigelb mit 1 EL Wasser und Salz verrühren,
die Teigränder damit bestreichen. Den Teig über
das Filet legen, die Ränder einschlagen und das
ganze Stück mit der restlichen Eigelbmischung
bestreichen. Im Ofen (Mitte, Umluft 180 °C)
25 Min. backen (bei der Nadelprobe sollte die
Mitte der Nadel lauwarm sein).

Die Sauce durch ein feines Spitzsieb passieren
und mit Salz und Pfeffer abschmecken. Die
restliche Butter in einer Pfanne erwärmen, die
Gemüsestreifen darin bei mittlerer Hitze kurz
schwenken, dann zugedeckt in 3 Min. bissfest
dünsten. Das Fleisch in ca. 2 cm breite Scheiben schneiden und mit dem Gemüse auf Teller
legen. Die Sauce rundherum gießen.

Wildhasenrücken auf »königliche Art«

Ein perfektes Weihnachts- oder Silvesteressen ist das Krönungsmahl aller Hasenjäger.

Zubereitungszeit:
2 Std. 25 Min.
Kühlzeit: über Nacht

Am Vortag die Hasenrücken von der Innenseite her so auslösen, dass die Filets zusammenbleiben. Die Knochen hacken. Für die Farce das Weißbrot in Würfel schneiden und in 4 EL warmem Wasser einweichen. Die Geflügelleber enthäuten und die Adern entfernen. Speck und Schweinefleisch in kleine Stücke schneiden. Die Schalotte schälen und in feine Würfel schneiden. 10 g Butter erhitzen, die Schalotte anschwitzen und abkühlen lassen. Weißbrot, die Hälfte der Leber, Speck, Schweinefleisch und Schalotte durch die feine Scheibe des Fleischwolfs drehen, verrühren, salzen und pfeffern. Die Hasenrücken, den Rest der Leber und die Farce abgedeckt kalt stellen.

Am nächsten Tag 1 Hasenrücken mit der Innenseite nach oben auf ein Brett legen, leicht salzen, pfeffern und mit der Hälfte der Farce bestreichen. Den zweiten Hasenrücken mit der restlichen Farce bestreichen und mit der Innenseite nach unten darauflegen. Daraus mithilfe von Alufolie eine Rolle formen, dabei das Fleisch fest einwickeln, die Folie seitlich gut verschließen.

Wasser in einem Topf aufkochen lassen, salzen und die Rolle darin zugedeckt bei mittlerer Hitze 45 Min. pochieren (bei der Nadelprobe sollte die Mitte der Nadel warm sein). Die Rolle aus dem Wasser nehmen und auskühlen lassen. Inzwischen für die Sauce das Gemüse putzen und waschen. Die Zwiebel schälen. Gemüse und Zwiebel klein schneiden. 4 EL Rapsöl in einem Schmortopf erhitzen, die gehackten Knochen darin bei mittlerer Hitze anbraten, bis sie Farbe annehmen. Das Gemüse dazugeben und mitrösten. Mit 500 ml Wasser und Rotwein ablöschen, Lorbeerblatt und Wacholderbeeren dazugeben und zugedeckt 1 Std. köcheln lassen.

Den Backofen auf 200 °C vorheizen. Die Kartoffeln waschen, in einem Dämpfeinsatz 25–30 Min. dämpfen. Inzwischen die restliche Geflügelleber mit Madeira und Cognac im Mixer pürieren. Die Schale der Maronen einritzen. Maronen auf ein Backblech geben und im Ofen (Mitte, Umluft 180 °C) 8–10 Min. rösten, bis die Schale aufspringt. Herausnehmen, etwas auskühlen lassen und die Schale entfernen.

Den Hasenrücken in ca. 2 cm dicke Scheiben schneiden, in eine leicht gebutterte hitzebeständige Pfanne legen und im Ofen erwärmen. 20 g Butter und den Zucker in einer Sauteuse schmelzen lassen, Maronen dazugeben und darin glasieren, mit Wasser (oder süßem Wein) übergießen und in 5 Min. garen.

Die Sauce passieren und je nach Konsistenz mit Wasser verdünnen oder offen leicht dickflüssig einkochen lassen. Die Lebermasse mit einem Schneebesen in die heiße, nicht kochende Sauce rühren, dann 20 g Butter unterrühren.

Die Kartoffeln pellen, durch eine Kartoffelpresse in eine Schüssel drücken. Die Milch erwärmen und mit der restlichen Butter unter die Kartoffelmasse rühren, mit Salz, Pfeffer und etwas Muskat würzen. Die Rückenscheiben auf Teller setzen, die Sauce und das Kartoffelpüree seitlich dazugeben und mit den Maronen garnieren.

Zutaten für 4 Personen:

2 Wildhasenrücken
(800–1000 g)
Salz, Pfeffer

Für die Farce:
80 g Weißbrot
200 g Geflügelleber
50 g durchwachsener
Speck
120 g Schweinefleisch
(aus der Keule)
1 Schalotte
10 g Butter
Salz, Pfeffer

Für die Grundsauce:
1 Karotte
80 g Knollensellerie
1 Zwiebel
4 EL Rapsöl
500 ml Rotwein
1 Lorbeerblatt
2 Wacholderbeeren

Für die Beilagen:
8 mittelgroße Kartoffeln
(ca. 400 g)
4 EL Madeira
2 EL Cognac
8 Maronen
60 g Butter
1 EL Zucker
200 ml Milch
Salz, Pfeffer
frisch geriebene
Muskatnuss

Kapaun auf mediterrane Art

Der Kapaun ist der König unter den Hühnern. Er wird nur in Frankreich, Italien und Österreich im Dezember geschlachtet. Der Sulmtaler Kapaun aus der Steiermark ist eine historische Rasse aus kaiserlichen Zeiten.

Zubereitungszeit:
2 Std.

Zutaten für 4 Personen:
1 Kapaun
(ca. 2 kg; am besten
küchenfertig beim Geflügel-
händler vorbestellen)
Salz, Pfeffer
100 ml Olivenöl
1 Zwiebel
2 Knoblauchzehen
80 g Berglinsen
2 EL Balsamessig
2 Köpfe Trevisana-Salat
(gut sortierter Gemü-
sehändler)
2–3 Rapepflanzen
(Stielmus; gut sortierter
Gemüsehändler)
2 EL frisch gehackter
Oregano
(oder Petersilie)

Den Backofen auf 200 °C vorheizen. Den Kapaun innen und außen mit Salz und Pfeffer würzen, mit 2 EL Olivenöl einreiben und im Ofen (Mitte, Umluft 180 °C) 45 Min. braten. Dann die Temperatur auf 120 °C (Umluft 110 °C) reduzieren und in weiteren 45 Min. fertig braten. Zwischendurch immer wieder mit dem eigenen Fett übergießen.

Inzwischen die Zwiebel und den Knoblauch schälen und fein schneiden. 4 EL Olivenöl in einem Topf erhitzen, Zwiebel, Knoblauch und Linsen darin kurz anschwitzen. Mit Wasser bedecken, salzen und pfeffern. Alles aufkochen und die Linsen zugedeckt bei mittlerer Hitze 40 Min. köcheln lassen. Das Linsenragout sollte noch flüssig sein. Für die Bindung ein Viertel der Linsen pürieren und durch ein Sieb in den Topf zu den übrigen Linsen passieren. Mit Essig, Salz und Pfeffer abschmecken.

Den Trevisana putzen und waschen, abtropfen lassen und der Länge nach halbieren. Den Strunk herausschneiden, ohne dass die Blätter auseinanderfallen. Die Rapeblätter und -röschen von den Stielen schneiden, waschen und in kochendem Wasser 2 Min. blanchieren. Herausnehmen und abtropfen lassen.

4 EL Olivenöl in einer Pfanne erhitzen, den
Trevisana darin auf jeder Seite 3 Min. braten,
salzen und pfeffern. In der gleichen Pfanne die
Rapeblätter und -röschen erwärmen. Den
Kapaun aus dem Ofen nehmen, tranchieren
und portionieren. Den Bratensaft entfetten und
mit dem Oregano zum Linsenragout geben.
Das Linsenragout auf Teller geben und das
Fleisch daraufsetzen. Das Gemüse dekorativ
dazulegen.

Tipp: Man kann den Kapaun auch mit der 80-
Grad-Methode garen – das braucht aber mehr
Zeit. Dafür den Backofen auf 80 °C vorheizen.
Den Kapaun in einen Bräter geben und im
Ofen (Mitte) in ca. 5 Std. im eigenen Fett garen,
dabei nicht abdecken. Falls er danach nicht fer-
tig ist, die Temperatur auf 150 °C erhöhen.
Übrigens: Linsen an Silvester serviert, bedeutet
beispielsweise in Italien künftigen Reichtum.

Kapaun ist typisch für
die Winterszeit. Das
Fett und die Leber
sind sehr wertvoll.

Badisches Huhn in Spätburgunder gegart

Die deutsche Alternative zum Coq au vin. Huhn und Spätburgunder bescheren uns einen zarten Geschmack. Hier dominiert nicht das Huhn den Wein oder umgekehrt. Ein gutes Wintergericht!

Zubereitungszeit:
1 Std. 40 Min.

Zutaten für 4 Personen:
1 Huhn
(ca. 1,2 kg; küchenfertig)
Salz, Pfeffer
Mehl zum Wenden
1 Zwiebel
2 Knoblauchzehen
150 g geräucherter Speck
1 Bund Petersilie
250 g Egerlinge
2 EL Rapsöl
750 ml Rotwein
(Spätburgunder)
2 Zweige Thymian
20 g Butter

Das Huhn in 2 Brüste und 2 Keulen zerteilen, die Hühnerteile mit Salz und Pfeffer würzen und in Mehl wenden. Die Zwiebel und den Knoblauch schälen und fein schneiden. Den Speck in ca. 5 mm große Würfel schneiden. Die Petersilie waschen und trocken tupfen, die Blätter fein schneiden. Die Egerlinge putzen, mit Küchenpapier abreiben und je nach Größe vierteln oder sechsteln.

Das Rapsöl in einer breiten Sauteuse oder einem Schmortopf erhitzen, die Hühnerteile darin auf jeder Seite 2 Min. anbraten. Zwiebel, Knoblauch und Speck dazugeben und kurz mitbraten. 500 ml Rotwein dazugießen, Thymian und Petersilienstängeln dazugeben und zugedeckt bei kleiner Hitze 45–60 Min. köcheln lassen. Etwa 15 Min. vor dem Ende der Garzeit den restlichen Wein und, wenn nötig, etwas Wasser dazugießen.

Als Beilage passen Bandnudeln oder Spätzle dazu, als Getränk ein badischer Spätburgunder.

Inzwischen die Butter in einer Sauteuse erhitzen, die Egerlinge darin 2 Min. anbraten und unter die Sauce rühren. Die Hühnerteile und Kräuter aus der Sauce nehmen und die Sauce weiterkochen lassen. Das Fleisch von den Knochen lösen und auf Tellern anrichten. Die Sauce mit Salz und Pfeffer abschmecken und die gehackte Petersilie unterrühren. Die Sauce über das Fleisch geben.

Ausgelöster Kalbsschwanz mit Linsensprossen

Dies ist die deutsche Antwort auf die asiatische Zubereitung. Alles ist klein geschnitten. Die Sprossen sind eine gute Abwechselung zum üblichen Linsengemüse.

Für die Sprossen die Senfkörner und Linsen kurz in Wasser einweichen, dann auf ein Tuch legen und bedecken. Beides bei Zimmertemperatur 3–4 Tage keimen lassen, dabei das Tuch immer wieder befeuchten.

Die Kalbsschwanzstücke und 2 l Wasser in einen Topf geben, salzen und pfeffern. Alles aufkochen und die Kalbsschwanzstücke bei kleiner Hitze in 1 Std. weich garen, bis sich das Fleisch gut von den Knochen lösen lässt. Zwischendurch immer wieder den Schaum mit einer Schaumkelle abschöpfen.

Inzwischen die Kartoffeln schälen und in ca. 1 cm große Würfel schneiden. Die Karotten und den Sellerie schälen und in ca. 5 mm große Würfel schneiden. Den Knoblauch und die Zwiebel schälen und fein würfeln.

Zubereitungszeit:
1 Std. 25 Min.
Keimzeit: 3–4 Tage

Zutaten für 4 Personen:
2 EL Senfkörner
4 EL Linsen
(z. B. Le-Puy-Linsen)
500 g Kalbsschwanz (beim
Metzger vorbestellen und
in Stücke schneiden lassen)
Salz, Pfeffer
4 mittelgroße Kartoffeln
(ca. 200 g)
100 g Karotten
60 g Knollensellerie
1 Knoblauchzehe
1 kleine Zwiebel
1 Bund Schnittlauch

Das Fleisch herausnehmen und auslösen. Den Fond offen bei starker Hitze auf ca. 1 l einkochen lassen. Die Kartoffeln in die Brühe geben, salzen und 5 Min. kochen lassen. Dann die Sellerie- und Karottenwürfel sowie die Linsenkeimlinge dazugeben und in weiteren 5 Min. bissfest garen.

Inzwischen den Schnittlauch waschen, trocken tupfen und in ca. 1 cm lange Stücke schneiden. Das ausgelöste Fleisch zum Gemüse geben und 2 Min. mitkochen. Die Senfsprossen untermischen. Das Ragout in einem Suppenteller anrichten und mit Schnittlauch bestreuen.

Kalbskutteln mit Lauchstreifen und Steinpilzen

Ich esse gerne Kutteln, weil man sie so variantenreich zubereiten kann. Sie sind günstig im Einkauf, deshalb dürfen die weiteren Zutaten ein wenig luxuriöser sein.

Zubereitungszeit:
2 Std.

Die Kutteln (sind meist vorgekocht) in ca. 5 mm breite und ca. 5 cm lange Streifen schneiden. Die Schalotte und den Knoblauch schälen, halbieren und in feine Streifen schneiden. Den Lauch putzen, der Länge nach halbieren und waschen. Das Weiße quer in ca. 2 mm breite Streifen und das Grün in ca. 4 cm lange Streifen schneiden.

Das Rapsöl in einem Topf (mindestens 20 cm Ø) erhitzen, die trockenen Kuttelstreifen darin unter Rühren bei mittlerer Hitze 3 Min. anschwitzen. Das Mehl darüberstreuen und weitere 2 Min. anschwitzen. Das Weiße vom

Lauch, die Schalotten und den Knoblauch
unterrühren, mit Salz und Pfeffer würzen und
weitere 5 Min. anschwitzen. Dabei darauf achten, dass die Kutteln nicht am Boden anlegen.
Mit Weißwein ablöschen und 500 ml Fond
dazugießen. Alles aufkochen und zugedeckt bei
kleiner Hitze 45 Min. köcheln lassen.

Inzwischen die Steinpilze in etwas lauwarmem
Wasser 15 Min. einweichen, dann herausnehmen und abtropfen lassen. Die Kutteln mit dem
restlichen Fond aufgießen, die Steinpilze dazugeben und weitere 20 Min. köcheln lassen.
Wenn nötig, noch etwas Wasser dazugießen.
Dabei immer darauf achten, dass die Kutteln
nicht am Boden anlegen. Die grünen Lauchstreifen unterrühren und weitere 5 Min.
köcheln lassen. Mit Salz, Pfeffer und nach Belieben mit Essig abschmecken. In tiefen Tellern
oder in einer Terrine anrichten.

Zutaten für 4 Personen:

500 g Kalbskutteln (sind
dünner und feiner als
Rindskutteln; beim Metzger
vorbestellen)
1 Schalotte
1 Knoblauchzehe
100 g Lauch
4 EL Rapsöl
2 gestrichene EL Mehl
Salz, Pfeffer
200 ml trockener Weißwein
1 l Geflügelfond
(Fleischfond
oder Gemüsebrühe)
20 g getrocknete Steinpilze
2 EL Balsamessig
(nach Belieben)

Blutwurstravioli mit Krautfleckerl

Eine deutsch-italienische Kooperation – ein typisches Heimat-Food-Gericht.

Zubereitungszeit:
1 Std. 10 Min.
Ruhezeit: 2 Std.

Zutaten für 4 Personen:
1/2 Apfel (z. B. Boskop)
1 TL + 20 g Butter
100 g Geflügelleber
200 g Blutwurst
1 EL frisch gehackte
Petersilie
Salz, Pfeffer
1 Ei
3 Eigelb
2 EL Distelöl
250 g Mehl
1 rote Zwiebel
1/2 Kopf junges
Winterkraut
(z. B. Spitzkohl, ca. 450 g)
1 Eigelb zum Bestreichen
4 EL Kalbsfond
1/2 EL Rotweinessig

Den Apfel entkernen und in kleine Würfel schneiden. 1 TL Butter in einer kleinen Pfanne erhitzen, die Apfelwürfel darin 2 Min. anschwitzen und erkalten lassen. Die Geflügelleber enthäuten und von den Adern befreien. Leber und Blutwurst in Würfel schneiden. Apfel, Leber, Blutwurst und Petersilie im Mixer fein pürieren. Salzen, pfeffern und kalt stellen.

Für die Ravioli das Ei und die Eigelbe schaumig rühren. 1/2 TL Salz, Distelöl, Mehl und 1 EL Wasser dazugeben und alles mit der Hand vermischen, bis ein fester, glatter und geschmeidiger Teig entsteht. Den Teig in einen Gefrierbeutel stecken und 2 Std. ruhen lassen.

Inzwischen für die Fleckerl die Zwiebel schälen, halbieren und in Streifen schneiden. Das Kraut waschen, putzen und in Fleckerl schneiden.

Den Nudelteig mit einer Nudelmaschine oder mit dem Teigroller sehr dünn (ca. 1 mm dick) ausrollen. Die Füllung mit einem Teelöffel in kleinen Abständen auf die Hälfte des Teiges geben. Die Ravioli klein machen, pro Person sollen es 5–6 Ravioli werden. Das übrige Eigelb verquirlen und den Teig damit um die Füllung herum bestreichen. Die Füllung mit der zweiten Teighälfte bedecken. Den Teig gut andrücken und die Teigtaschen ausschneiden. Reichlich Wasser in einem Topf aufkochen lassen, salzen und die Ravioli darin bei kleiner

Hitze in 2–3 Min. bissfest garen. Dann mit einer
Schaumkelle vorsichtig herausnehmen.

Das Kraut salzen und pfeffern und mit wenig
Wasser in der Pfanne in 3 Min. garen. 10 g Butter in einer Pfanne erhitzen, die Zwiebel darin
bei starker Hitze in 2–3 Min. bräunen, dann
herausnehmen. Restliche Butter in die Pfanne
geben und die Ravioli darin schwenken.

Kalbsfond und Essig in einem kleinen Topf bei
mittlerer Hitze kurz einkochen lassen, salzen
und pfeffern. Jeweils 5–6 Ravioli auf Tellern
anrichten, heiße Krautfleckerl und warme Röst-
zwiebel dazugeben und mit Sauce beträufeln.

Kartoffeltartes mit Blutwurst

So wird aus der Blutwurst ein feines Gericht. Die
knusprigen Kartoffeln durchbrechen und ergänzen
den charakteristischen Blutwurstgeschmack.

Die Kartoffeln schälen, kurz in Wasser legen
und wieder herausnehmen. Die Kartoffeln in
ca. 2 mm dicke Scheiben schneiden (mit einem
Gemüsehobel oder einer Aufschnittmaschine).
Die Schalotte schälen und in feine Scheiben
schneiden. Die Blutwurst in ca. 5 mm dicke
Scheiben schneiden.

Den Backofen auf 180 °C vorheizen. Dann
nacheinander 4 Tartes backen. Dafür jeweils
eine Eisenpfanne oder beschichtete Pfanne
(ca. 10 cm Ø) dachziegelartig mit Kartoffelscheiben auslegen. Jeweils 2 EL Öl dazugeben,
die Kartoffeln salzen, pfeffern und auf einer

Zubereitungszeit:
1 Std.

Zutaten für 4 Personen:
160 g festkochende Kartoffeln
1 Schalotte
200 g Blutwurst
14 EL Rapsöl
Salz, Pfeffer
1 Kopf gelber Endiviensalat
1/2 Bund Petersilie
3 EL Weißweinessig
1 TL scharfer Senf

Seite bei mittlerer Hitze 2 Min. anbraten. Wenn sich die Scheibchen wölben, mit einem Löffel andrücken. Die Kartoffeltarte mit einem Pfannenwender wenden, auf ein Backblech legen und die übrigen Tartes backen. Zuerst die Blutwurstscheiben, dann die Schalottenscheibchen auf die Kartoffeltartes legen. Die Tartes im Ofen (Mitte, Umluft 160 °C) in 2–3 Min. ausbacken.

Den Endiviensalat putzen, waschen, abtropfen lassen und in ca. 1 cm breite Streifen schneiden. Die Petersilie waschen und trocken tupfen, die Blätter fein schneiden. Für die Marinade den Essig mit 6 EL Rapsöl, Senf, Salz und Pfeffer verrühren. Die Salatstreifen in einer Schüssel mit der Marinade vermischen.

Die Kartoffeltartes in die Mitte der Teller setzen und den Endiviensalat drum herumlegen. Die Tartes mit Petersilie bestreuen.

Karpfenrillette

Was wäre Franken ohne Karpfen? Der traditionelle fränkische Fisch wird hier modern, typisch und leicht zubereitet. Eine gelungene Verbindung von Klassik und Moderne.

Zubereitungszeit:
55 Min.

Die Kartoffel waschen und mit Schale in Wasser in 25–30 Min. weich garen. Den Saft der Zitrone auspressen. Den Meerrettich schälen und in kaltes Wasser legen, damit er fest wird und sich gut reiben lässt. Die Äpfel waschen und trocken reiben. Die Kartoffel auskühlen lassen und pellen.

Ideal ist, wenn das Karpfenfilet bereits einge-
schnitten ist. Das Karpfenfilet von der Haut
schneiden, damit es in kleinere Stücke zerfällt.
Das Distelöl in einer Pfanne erhitzen, das
Karpfenfilet einlegen, salzen und pfeffern, dann
bei mittlerer Hitze 3–4 Min. braten. Den Fisch
in eine kleine Schüssel geben und mit einem
Löffel gleichmäßig in kleine Stücke zerteilen.
Drei Viertel von dem Zitronensaft dazugeben.

Die Kartoffel auf einer feinen Reibe über den
Fisch reiben. Den Meerrettich und den Apfel
auf einer groben Reibe darüberreiben. Den
Sauerrahm dazugeben und alles vorsichtig
vermischen. Das Rillette nochmals mit Salz,
Pfeffer und dem restlichen Zitronensaft
abschmecken.

Das Karpfenrillette auf tiefe Teller verteilen.
Die Wasserkresse abschneiden und darüberstreuen. Nach Belieben mit etwas Saiblingkaviar
garnieren. Dazu passt getoastetes Graubrot
oder Weißbrot.

Zutaten für 4 Personen:

1 Kartoffel

1 kleine Zitrone

50 g frischer Meerrettich

(oder 2 EL aus dem Glas)

2 Äpfel

200 g Karpfenfilet

2 EL Distelöl

Salz, Pfeffer

2 EL Sauerrahm

1 Packung Wasserkresse

Saiblingkaviar

(nach Belieben)

Kartoffelsuppe mit Austern

So kocht man eine einfache Heimat zur Luxusheimat.

Zubereitungszeit:
1 Std. 10 Min.

Zutaten für 4 Personen:

4 mehligkochende
Kartoffeln
1 kleine Karotte
60 g Lauch
1 Schalotte
1 Knoblauchzehe
1 Bund Petersilie
20 g Butter
Salz, Pfeffer
12 Austern
(Fine de Claire)

Die Kartoffeln und Karotte waschen und schälen. Den Lauch putzen und waschen. Die Kartoffeln und das Gemüse in kleine Würfel schneiden. Die Schalotte und den Knoblauch schälen und fein schneiden. Die Petersilie waschen und trocken tupfen, die Blätter fein schneiden.

Die Butter in einer Sauteuse erhitzen, Karotte, Lauch, Schalotte und Knoblauch darin 2 Min. anschwitzen. Die Kartoffelwürfel dazugeben, salzen und pfeffern. Dann so viel Wasser dazugießen, bis das Gemüse gut bedeckt ist.
Alles aufkochen und das Gemüse zugedeckt bei mittlerer Hitze in 45 Min. garen.

Inzwischen die Austern öffnen und von der Schale lösen, aber nicht herausnehmen. Das Gemüse durch die Flotte Lotte passieren und wieder in den Topf geben. Wenn nötig, die Suppe mit etwas Austernwasser verdünnen, dabei den Salzgehalt des Wassers beachten. Die Petersilie unter die Suppe rühren. Die heiße Suppe in tiefe Teller füllen und jeweils 3 Austern dazulegen.

Glasierter Chicorée
mit Oktopus und Orangenmarinade

Wir kennen ihn als Salat oder in Verbindung mit einer Cocktailsauce, aber in ihm steckt mehr. Sein herrlich gesundes Bitteraroma passt zum Kontrast zwischen Oktopus und Orangen.

Den Oktopus in einen Topf geben, mit kaltem Wasser gut bedecken, mit Salz und Pfeffer würzen und zugedeckt bei kleiner Hitze in 45 Min. weich garen. Bei der Garprobe lässt sich der Oktopus mit einem kleinen Messer leicht durchstechen.

Inzwischen den Chicorée waschen, trocken tupfen und der Länge nach halbieren, den Strunk herausschneiden. Den Saft von 1 Orange auspressen. Den Chicorée mit der Schnittfläche nach unten in eine passende Pfanne legen, mit Salz und Pfeffer würzen. Den Weißwein und die Hälfte des Orangensafts dazugießen und zugedeckt bei mittlerer Hitze 5 Min. dünsten. Den Chicorée wenden und den Garsaft offen bei mittlerer Hitze einreduzieren lassen, bis er etwas Farbe bekommt.

Die Schale von der Orangenhälfte dünn abschälen und in wenig kochendem Wasser 1 Min. blanchieren. Herausnehmen und in kleine Würfel schneiden. Die Schalotte schälen und klein würfeln. 2 EL Olivenöl in einer Sauteuse erhitzen, die Schalotte darin kurz anschwitzen. Die Orangenschale und den restlichen Orangensaft dazugeben und offen bei mittlerer Hitze 2–3 Min. dickflüssig einkochen, dann abkühlen

Zubereitungszeit:
50 Min.

Zutaten für 4 Personen:
400 g Oktopus
Salz, Pfeffer
2 Chicorée (ca. 150 g)
1 1/2 Bio-Orangen
100 ml Weißwein
1 Schalotte
80 ml Olivenöl
4 EL Balsamessig
2 Stängel Estragon

lassen. Den Essig und das restliche Olivenöl unterrühren.

Den Estragon waschen und trocken tupfen, die Blätter fein schneiden. Den Oktopus aus dem Wasser nehmen, in gleich große Stücke schneiden und kurz zum Chicorée geben. Den Chicorée mit der Schnittfläche nach oben auf Teller legen und den Oktopus drum herumlegen. Mit Orangenmarinade beträufeln und mit Estragon bestreuen.

Jakobsmuscheln à la Provence

Die Provence ist der Ursprung der Kräuterküche. Dieses Gericht erinnert uns im Winter an den Sommerurlaub im Süden.

Zubereitungszeit:
1 Std.
Einweichzeit:
über Nacht

Zutaten für 4 Personen:
60–80 g getrocknete
weiße Bohnen
2 Knoblauchzehen
1 kleines Bund Petersilie
3 Zweige Thymian
1 Sardellenfilet (in Lake)
100 g weiche Butter
120 ml Olivenöl
2 getrocknete
Tomatenhälften
Salz, Pfeffer
8 große Jakobsmuscheln

Die Bohnen über Nacht in kaltem Wasser einweichen. Am nächsten Tag den Knoblauch schälen, halbieren und eventuell den Trieb entfernen. Die Petersilie und den Thymian waschen und trocken tupfen, die Blätter abzupfen. Das Sardellenfilet abtupfen und klein schneiden. Die Butter mit 6 EL Olivenöl, Knoblauch, Sardelle, Petersilie und Thymian gut durchmixen.

Die getrockneten Tomaten klein schneiden. Die Bohnen in ein Sieb abgießen, in einen Topf geben, mit Wasser knapp bedecken, mit Salz und Pfeffer würzen und zugedeckt bei kleiner Hitze in 30–45 Min. weich garen. Kurz vor dem Ende der Garzeit die Tomaten dazugeben. 2 EL Olivenöl unter das Bohnengemüse rühren.

Kurz vor dem Ende der Garzeit der Bohnen die rohen Jakobsmuscheln in ca. 1 cm dicke Scheibchen schneiden. 4 EL Olivenöl in einer Pfanne erhitzen, die Jakobsmuscheln einlegen, salzen, pfeffern und 1 Min. braten. Die Kräuterbutter dazugeben und die Jakobsmuscheln kurz durchschwenken. Die Bohnen in die Mitte der Teller geben, die Jakobsmuscheln dekorativ dazulegen und die zerlassene Butter darübergeben.

Wer Bohnen nicht so schätzt, kann das Gericht genauso mit Gnocchi zubereiten. Dafür die Gnocchi kurz blanchieren und abtropfen lassen, dann in Olivenöl schwenken, salzen und pfeffern.

Bio-Lachsscheiben mit Preiselbeer-Dill-Sauce

Dieser Fisch beschert uns einen Hauch von Skandinavien. Bei der Zubereitung daran denken: Der beste Lachs wird trocken, wenn er nicht rosa gebraten ist.

Zubereitungszeit:
40 Min.

Zutaten für 4 Personen:

4 EL Preiselbeeren (roh
gefroren, selbst eingekocht
oder aus dem Bioladen)
60 ml Weißwein
60 ml Gemüsefond
1 EL Weißweinessig
Salz, Pfeffer
120 g Zuckerschoten
4 Zweige Dill
80 g kalte Butter
1 EL Rapsöl
8 Scheiben frischer
Bio-Lachs (à ca. 80 g)

Für die Sauce die Preiselbeeren, den Weißwein, Gemüsefond und Essig in einen Topf geben, salzen und pfeffern. Die Mischung aufkochen und offen bei mittlerer Hitze in 2–3 Min. auf die Hälfte einreduzieren. Die Zuckerschoten waschen, putzen und dabei die Fäden abziehen. Den Dill waschen und trocken tupfen, die Dillspitzen fein schneiden.

70 g kalte Butter in Stückchen nach und nach unter die reduzierten Preiselbeeren rühren. Die restliche Butter in einem Topf erhitzen, die Zuckerschoten darin 1–2 Min. anschwitzen, salzen und pfeffern. Die Zuckerschoten knapp mit Wasser bedecken und zugedeckt bei kleiner Hitze in 1–2 Min. bissfest garen.

Das Rapsöl in einer Pfanne erhitzen, die Lachsscheiben darin auf jeder Seite 30 Sek. anbraten. Im Zentrum sollte der Lachs noch halb roh sein. Je länger er gebraten wird, desto trockener schmeckt er. Den Lachs herausnehmen und auf Küchenpapier kurz abtropfen lassen.

Die Sauce mit Dillspitzen, Salz und Pfeffer abschmecken. Auf flache Teller einen Saucenspiegel gießen und den Lachs daraufsetzen. Mit den Zuckerschoten garnieren.

Kabeljau mit Sprotten im Romana-Salatblatt geschmort auf Kartoffelsauce

Bei diesem Rezept erkennt man die gute norddeutsche Fischküche. Frischer Kabeljau ist reinster Fischgeschmack. Leider wird er immer knapper und teurer.

Die Kabeljaufilets in ca. 1 cm große Würfel schneiden. Die Sprotten abbrausen und trocken tupfen, dann filetieren und in kleine Stücke schneiden. Den Kabeljau mit den Sprotten mischen und mit Salz und Pfeffer würzen.

Die Romana-Salatblätter in reichlich kochendem Salzwasser 30 Sek. blanchieren, dann herausnehmen, kalt abschrecken und auf Küchenpapier abtropfen lassen. Jeweils 2 Salatblätter nebeneinanderlegen. Die Fischmischung jeweils in die Mitte geben und mit einem weiteren Salatblatt abdecken. Die Blätter zu einem Päckchen zusammenfalten.

Für die Sauce Schalotte, Knoblauch, Sellerie und Karotte schälen und fein würfeln. 20 g Butter in einem Topf erhitzen, das Gemüse darin 2 Min. anschwitzen und mit Salz und Pfeffer würzen. Mit dem Fischfond und Weißwein aufgießen, aufkochen und zugedeckt bei mittlerer bis kleiner Hitze 15 Min. köcheln lassen. Die Kartoffel pellen, durch die Kartoffelpresse oder ein Sieb drücken und unter die Sauce mischen. 40 g Butter in Stückchen mit dem Schneebesen unterschlagen. Wenn die Sauce zu dickflüssig ist, mit etwas Wasser verdünnen.

Zubereitungszeit:
1 Std. 10 Min.

Zutaten für 4 Personen:
600 g Kabeljaufilet
6 Sprotten (ca. 150 g)
Salz, schwarzer Pfeffer
12 große Romana-Salatblätter
1 Schalotte
1 Knoblauchzehe
30 g Knollensellerie
30 g Karotten
75 g Butter
150 ml Fischfond
40 ml trockener Weißwein
60 g gekochte mehligkochende Kartoffeln
2 EL Rapsöl
4 Stängel glatte Petersilie

Die restliche Butter und das Rapsöl in einer Pfanne erhitzen, die Fischpäckchen darin zugedeckt bei mittlerer Hitze in 7–8 Min. garen. Inzwischen die Petersilie waschen und trocken tupfen, die Blätter fein schneiden und unter die Sauce rühren. Die Fischpäckchen auf vorgewärmten Tellern anrichten und mit der Sauce überziehen.

Rochen mit Senfsauce, Schwarzwurzeln und Staudensellerie

Das Gemüse und die gute deutsche Senfsauce akzeptieren auch den besonderen Fisch. Oberstes Gebot: Der Rochen muss sehr frisch sein!

Zubereitungszeit:
1 Std. 15 Min.

Zutaten für 4 Personen:
2 Rochenflügel
(à ca. 400 g; beim Fischhändler vorbestellen)
150 g Schwarzwurzeln
1 Stange Staudensellerie
1 Schalotte
4 EL Weißwein
40 g Butter
1 TL Dijon-Senf
Salz, Pfeffer
1/2 EL Mehl
4 EL Distelöl

Das Rochenfleisch von den Gräten lösen und in Stücke à ca. 80 g teilen, dabei immer in Richtung der Faserung schneiden. Die Schwarzwurzeln waschen, schälen und schräg in ca. 3 mm dicke Scheiben schneiden. Den Staudensellerie waschen, putzen, eventuell die Fäden abziehen und 4 gelbe Staudensellerieblätter beiseitelegen. Den Staudensellerie in ca. 4 cm lange Stäbchen schneiden. Die übrigen Gemüsestücke beiseitelegen. Die Schalotte schälen und in kleine Würfel schneiden.

Für den Fischfond die Rochengräten, die übrigen Gemüsestücke und 250 ml Wasser in einen Topf geben, aufkochen und zugedeckt bei mittlerer Hitze 10–15 Min. kochen lassen. Den Fond durch ein Sieb in einen kleinen Topf passieren, den Weißwein dazugeben und offen bei starker Hitze auf 80–100 ml einreduzieren.

20 g Butter und den Senf dazugeben und mit dem Schneebesen verrühren.

Die restliche Butter in einem kleinen Topf erhitzen, die Schalotte und Schwarzwurzeln darin bei mittlerer Hitze 2–3 Min. anschwitzen, salzen und pfeffern. Das Mehl dazugeben und 2–3 Min. mit anschwitzen. Das Gemüse mit Wasser bedecken und zugedeckt in 5–7 Min. garen. Wenn nötig, etwas Wasser dazugeben. Den Staudensellerie in einen kleinen Topf geben, mit wenig Wasser bedecken, salzen, pfeffern und zugedeckt bei mittlerer Hitze in 5 Min. garen.

Die Staudensellerieblätter waschen, trocken tupfen und klein schneiden. Das Distelöl in einer Pfanne erhitzen, die Rochenstücke einlegen, salzen, pfeffern, und bei mittlerer Hitze auf jeder Seite 2 Min. braten, bis sie leicht Farbe annehmen.

Die Schwarzwurzeln und den Sellerie mischen und auf Tellern anrichten, die Rochenstücke dazulegen und die Sauce rundherum gießen. Mit den Staudensellerieblättern bestreuen.

Seezunge mit Apfelspalten

Die Seezunge aus der Nordsee ist in Verbindung mit dem einfachen Apfel ein Luxusgericht, da die Seezunge einer der feinsten und teuersten Fische ist. Für Kalorienbewusste.

Zubereitungszeit:
1 Std.

Zutaten für 4 Personen:
4 Seezungen (à ca. 400 g)
12 kleine Frühlingszwiebeln
2 saure kochfeste Äpfel
(z. B. Jonagold)
150–200 g Champignons
(ca. 20 Stück)
250 ml Gemüsefond
(s. S. 17)
Salz, Pfeffer
1 TL Paprikapulver
80 g Butter
1 Stängel Estragon

Die Seezungen enthäuten. Dafür die Haut am Schwanz einschneiden und abziehen. Den Kopf schräg abschneiden und mit einer kräftigen Schere Brust-, Bauch- und Rückenflossen abschneiden. Gegebenenfalls den Rogen entfernen. Den Backofengrill auf 200 °C vorheizen.

Die Frühlingszwiebeln putzen, waschen und halbieren. Die Äpfel waschen, vierteln und das Kerngehäuse entfernen. Die Apfelviertel gleichmäßig in Spalten schneiden. Die Champignons putzen und mit Küchenpapier abreiben.

Die Seezungen mit der dünnen Seite nach unten in eine hitzebeständige Fischpfanne legen, den Gemüsefond und die Frühlingszwiebelhälften dazugeben. Im Ofen (oben) 3 Min. grillen. Die Seezungen mit Salz, Pfeffer und Paprikapulver würzen. Mit den Apfelspalten belegen und die Champignons dazugeben. 20 g Butter in Stückchen über den Fisch geben. Im Ofen (oben) in 5 Min. garen. Die Filets sind gar, wenn sie sich leicht von der Karkasse trennen. Den Fisch aus der Pfanne nehmen und warm halten.

Den Estragon waschen und trocken tupfen, die Blätter fein schneiden. Den Fischsud aufkochen lassen und die restliche Butter unterrühren. Die Seezungen mit Gemüse, Apfelspalten und Sauce auf Teller geben. Mit Estragon bestreuen.

Winterkabeljau mit confierten Cedri-Zitronen

Die große Cedri-Zitrone aus Süditalien macht die etwas andere Zitronensauce, dagegen ist ein Fischfilet mit Zitronensaft langweilig.

Den Backofen auf 150 °C (Umluft 140 °C) vorheizen. Die Cedri-Zitrone heiß waschen, abtrocknen und der Länge nach halbieren. Die Hälften in ca. 3 mm dicke Scheiben schneiden. Die Scheiben nebeneinander in eine feuerfeste Form legen, dann Weißwein, 100 ml Wasser und Zucker dazugeben. Die Zitronen im Backofen (Mitte) in 5 Min. confieren (confieren bedeutet im eigenen Saft mit Zucker weich garen). Dabei sollten die Zitronenscheiben ganz bleiben.

Den Spinat verlesen, waschen und die Stiele entfernen. Den Spinat in kochendem Wasser 2 Min. blanchieren, herausnehmen und ausdrücken.

Den Fisch mit der Haut in 4 Stücke schneiden. Die Fischstücke in wenig Mehl wenden. Das Rapsöl in einer Pfanne erhitzen. Den Fisch mit der Innenseite in die Pfanne legen und 2 Min. braten, dann wenden und auf der Hautseite braten. Den Fisch mit Salz und Pfeffer würzen und gleichmäßig mit der Hälfte der Zitronenscheiben ohne Flüssigkeit belegen. Die restlichen confierten Zitronenscheiben klein schneiden.

Den Knoblauch schälen, halbieren und eventuell den Trieb herausschneiden. Den Knoblauch in feine Scheiben schneiden. 1 TL Butter in einer kleinen Sauteuse erhitzen, den Knoblauch darin kurz anschwitzen. Die restlichen confierten Zitronenstückchen mit der Flüssigkeit

Zubereitungszeit:
1 Std. 5 Min.

Zutaten für 4 Personen:
1 Cedri-Zitrone
(200–300 g; gut sortierter
Gemüsehändler)
100 ml Weißwein
2 EL Zucker
12 Pflanzen Winterspinat
600 g Winterkabeljau
(Skrei)
Mehl zum Wenden
4 EL Rapsöl
Salz, Pfeffer
1 Knoblauchzehe
1 TL + 30 g kalte Butter
einige Spritzer frisch
gepresster Zitronensaft
(nach Belieben)

dazugeben und aufkochen lassen. Die Sauce mit Salz und Pfeffer würzen und 15 g kalte Butter in Stückchen unterrühren. Nach Belieben mit Zitronensaft abschmecken.

Den Fisch aus der Pfanne nehmen und kurz warm stellen. Die restliche Butter in dieselbe Pfanne geben, den Spinat darin schwenken und mit Salz und Pfeffer würzen. Den Fisch und Spinat auf Tellern anrichten und die Zitronensauce darübergeben.

Miesmuscheln mit Kürbis und Ingwer

Der Ingwer nimmt dem Kürbis seine stumpfe, fast langweilige Note. Aus einfachen Zutaten wird mit dem Ingwer eine spannende Kreation.

Zubereitungszeit:
45 Min.

Zutaten für 4 Personen:
2 kg Miesmuscheln
80 g Kürbis (Muskat- oder Hokkaido-Kürbis)
1 Stück Ingwer (ca. 1 cm)
60 g mittelgroße Champignons (ca. 8 Stück)
20 g Butter
100 ml trockener Weißwein
2 EL Obstessig
4 EL Erbsen (tiefgefroren)
Salz
kleine Dillzweige zum Garnieren

Die Muscheln waschen, die Schalen reinigen und die Muscheln in ein Sieb geben. Den Kürbis und Ingwer schälen. Den Kürbis in ca. 5 mm große Würfel schneiden. Den Ingwer sehr fein schneiden. Die Champignons putzen, mit Küchenpapier abreiben und je nach Größe vierteln oder sechsteln. 10 g Butter in einem Topf erhitzen, den Ingwer darin 1 Min. anschwitzen. Mit Weißwein und Essig ablöschen, den Kürbis dazugeben und zugedeckt bei mittlerer Hitze in 5 Min. bissfest garen.

Das Sieb mit den Muscheln in einen Topf mit kochendem Wasser hängen und die Muscheln zugedeckt über dem heißen Wasserdampf aufspringen lassen. Muscheln, die sich nicht geöffnet haben, wegwerfen. Das warme Muschelfleisch auslösen und in einem Sieb

über Wasserdampf in 2–3 Min. garen. Eventuelle
Fäden an den Muscheln abzupfen.

Die Champignons, unaufgetauten Erbsen und
das Muschelfleisch zum Kürbis geben und alles
in 2–3 Min. erwärmen. Die Miesmuscheln leicht
salzen, in tiefe Teller geben und mit ein paar
Muschelschalen und Dillzweigen garnieren.

Bernd Schroeder

Zuckerbrot

Da waren wir nun
Die Heimat verloren
Haus und Hof
Arme und Beine
Manche auch den Verstand
Die Heimat vor allem
Auf dem flachen Land
In Bayern gelandet
Bei Bauern, die nicht
Die Heimat, nicht
Arme und Beine
Nicht Haus und Hof
Verloren hatten, aber
Die Söhne, zahlreich
Auf dem Kriegerdenkmal
Standen sie später, die Namen
Siebenundzwanzig Söhne
Von sechzehn Höfen
Kanonenfutter
Sagte mein Vater
Beim Bauern, wo wir
Wohnten unterm Dach
Zwei Söhne gefallen

Einer vermisst, der kam
Zurück aus Russland
Kam über die Felder
Unerkannt, kaum willkommen.
Ein kranker Mann
Nur noch zum Sterben
Taugte er. Der hat nur
Eis gesehen, immer nur Eis
Sagte die Bäuerin
Ein Segen, dass er noch
Vor der Ernte verstarb

Packen wir's an
Sagte mein Vater
Und wir packten es an
Mutter gab Unterricht
Chopin in der Scheune
Bauernkinder an Flügeln
Im Krieg von den Städtern
Gegen Butter und Eier getauscht
Später in der Kirche
Die Orgel, wir Kinder
Am Blasebalg machten
Der Mutter die Töne

Der Vater
Gezeichnet vom Krieg
Packte vieles an
Doch alles zerbrach
Also trank und rauchte er
Den Rest an Gesundheit
Den der Krieg ihm gelassen
Zuschanden
Wenn wir
Sagte die Mutter
Von jeder Zigarette
Die er raucht
Zehn Pfennig hätten
Wir würden zu den wahrlich
Reichen Leuten gehören
Doch zu denen
Gehörten wir nie

Wären die Amerikaner
Und wir Kinder
Nicht gewesen, sein Rauchen
Hätte uns ruiniert
Dem Vater, der von den
So genannten Siegern
Nichts nahm, gefiel es
Dass wir Kinder
Die Zigarettenkippen der Amis
Weggeworfen, halb geraucht
Die Pose der Sieger
Sammelten, alles Lucky Strike
Wie Vater kennerhaft sagte

Stundenlang liefen wir
Die nahe Autobahn entlang
Hitlers Weg über Nürnberg
Nach Berlin, wo jetzt
Die Panzer der Amis rollten
Oft oben drauf
Mit schneeweißen Zähnen
Ein Sarottimohr
Die Schwarzen fürchtete ich
Die Amerikaner nicht
Und wir sammelten Kippen
Nicht weil wir ihn liebten
Den Vater oder gar seine
Elende Raucherei
Wir taten es der Belohnung wegen:
Zuckerbrot
Bauernbrot, dick Butter, Zucker
Dazu Limonade mit Geschmack
Himbeere, Zitrone, Erdbeere

Weihnachten gab's Zuckerbrot
Mit Zimt und Limonade
Mit Schokoladengeschmack
Weil Weihnachten war
Später in meinem Leben
Habe ich den Zucker
Durch Salz ersetzt
Oder Schnittlauch und Majoran
Aber immer auf Bauernbrot
Mit dick Butter drauf.

Weihnachten aber ist
Noch heute für mich
Zimt
Was sonst?

Bernd Schroeder macht einen ziemlich guten Schweinebraten, aber nur,
wenn der Meister Ederer nicht zur Verfügung steht.

Abdruck mit freundlicher Genehmigung des Autors

Lauwarmes Apfelragout

Das erinnert an Weihnachten und schmeckt auch so.

Zubereitungszeit:
25 Min.

Zutaten für 4 Personen:
2 Äpfel (z. B. Boskop)
6 Walnüsse
4 getrocknete Aprikosen
4 getrocknete Pflaumen
20 g Butter
2 EL gehobelte Mandeln
2 EL Zucker
4 Kugeln Eis (z. B. Vanilleeis, Zimteis oder Quarksorbet)

Die Äpfel schälen, vierteln und das Kerngehäuse herausschneiden. Die Viertel quer in ca. 1 cm dicke Scheiben schneiden. Die Nüsse knacken und die Walnusskerne in möglichst großen Stücken herausnehmen. Die Aprikosen und Pflaumen in feine Streifen schneiden.

Die Butter in einer Pfanne (ca. 24 cm Ø) erwärmen, bis sie schäumt. Die Apfelscheibchen darin 1 Min. anbraten. Die Mandeln darüberstreuen und 1 Min. mitbraten, dabei die Pfanne schwenken. Die Aprikosen, Pflaumen, Walnusskerne und den Zucker dazugeben und unter Schwenken der Pfanne in 5 Min. Farbe annehmen lassen. Das Apfelragout jeweils kranzförmig auf Tellern anrichten und in die Mitte 1 Kugel Eis nach Wahl geben.

Soufflierte Äpfel

Der Boskop ist ein beliebter, guter Lagerapfel mit besten Kücheneigenschaften aufgrund seines hohen Säuregehalts. Diese Alternative zum klassischen Weihnachts-Bratapfel ist kultivierter und feiner.

Zubereitungszeit:
1 Std.

Die Äpfel waschen, abtrocknen und jeweils gleichmäßig einen Deckel abschneiden (Stielseite nach unten). Die Äpfel mit einem Gemüseausstecher zylinderförmig aushöhlen, ohne dabei an der Stielseite durchzustoßen.

Die Eigelbe mit 30 g Zucker in einer Schüssel verrühren. Die Vanilleschote längs aufschneiden und das Mark dazukratzen. Die Eiweiße in einer sauberen Schüssel steif schlagen, dabei nach und nach 60 g Zucker unterschlagen. Die Zitronenschale und den Magerquark zur Eigelbmasse geben und unterrühren. Die Haselnüsse und den Eischnee unterheben. Die Äpfel mit der Masse füllen und in eine feuerfeste Form setzen.

Den Backofen auf 200 °C (Umluft 180 °C) vorheizen. Die Granatäpfel halbieren und die Kerne mit einem Löffel herauslösen. Die Granatapfelkerne und den Apfelsaft in die Form zu den Äpfeln geben. Die Äpfel im Ofen (Mitte) in 15–20 Min. garen. Wenn nötig, den Saft noch kurz einkochen lassen. Die Äpfel mit dem Saft anrichten.

Tipp: Dazu passt sehr gut ein Sabayon, das man mit beliebigen Aromaten zubereiten kann. Dafür kurz vor dem Servieren Eier, Zucker, gewünschtes Aroma (Alkohol oder Wein) in einem Schlagkessel über einem Wasserbad warm aufschlagen.

Zutaten für 4 Personen:

4 Äpfel (à 150–200 g; z. B. Boskop)
3 Eigelb
90 g Zucker
1/2 Vanilleschote
2 Eiweiß
abgeriebene Schale von 1/2 Bio-Zitrone
130 g Magerquark
50 g gemahlene Haselnüsse
2 Granatäpfel
100 ml naturtrüber Apfelsaft

Quittenkompott mit Karthäuser Nockerln

Die etwas andere Weißbrotmasse – süß gebraten, hat sie Ähnlichkeit mit »Armen Rittern«. Was den Mönchen im französischen Kloster Chartreuse mundete, ist heute noch ein Dessert für Jung und Alt.

Zubereitungszeit:
45 Min.
Kühlzeit: 30 Min.

Zutaten für 4 Personen:

Für das Kompott:
2 reife Quitten
1/2 Bio-Zitrone
1/2 Vanilleschote
250 ml Weißwein
40 g Zucker

Für die Nockerln:
100 ml Milch
200 g Toastbrot
2 Eier
20 g Zucker
80 g Bio-Quark
20 g Butter
1 EL Puderzucker zum Bestreuen

Für das Kompott die Quitten schälen, in ca. 1 cm dicke Spalten schneiden und in einen Topf geben. Die Zitronenhälfte heiß waschen und abtrocknen, die Schale fein abreiben und den Saft auspressen. Beides zu den Quitten geben. Die Vanilleschote der Länge nach halbieren, das Vanillemark mit einem Messer herauskratzen. Den Weißwein, 250 ml Wasser, den Zucker und das Vanillemark ebenfalls in den Topf geben. Alles bei mittlerer Hitze aufkochen und die Quitten zugedeckt in 30 Min. garen. Wenn das Kompott zu flüssig ist, die Quitten herausnehmen und den Sud offen bei mittlerer Hitze etwas einkochen lassen. Dann die Quitten wieder dazugeben. Das Kompott schmeckt noch besser, wenn es bei Zimmertemperatur einige Stunden ruht.

Für die Nockerln die Milch erwärmen und vom Herd nehmen. Das Brot in kleine Würfel schneiden und in der warmen Milch einweichen. Die Eier mit dem Zucker schaumig rühren, den Quark dazugeben und unterrühren. Die Brotwürfel dazugeben und ebenfalls untermischen. Die Nockerlmasse 30 Min. kalt stellen.

Die Butter in einer Pfanne erwärmen. Aus der Masse mit zwei Esslöffeln 8 gleich große

Nockerln abstechen und in die Pfanne geben.
Die Nockerln bei mittlerer Hitze unter Wenden rundum goldbraun braten. Das Kompott in
tiefe Teller geben, die Nockerln daraufsetzen
und mit Puderzucker bestreuen.

Quittenkuchen mit Sorbet

Die Quitten sollen reif, gelb und wohlduftend sein.
Meist bekommt man sie beim griechischen und
türkischen Obsthändler.

Den Saft der Zitrone auspressen. Die Quitten
schälen, gleichmäßig in Spalten schneiden, entkernen und jeweils die Hälfte in zwei Töpfe
geben. Für das Sorbet 5 EL Zucker, die Hälfte
des Zitronensafts und 300 ml Wasser in einen
der Töpfe geben. Zugedeckt bei mittlerer Hitze
in 20 Min. garen, bis nicht mehr viel Flüssigkeit
im Topf ist. Die Quitten noch heiß pürieren,
auskühlen lassen und in der Sorbetmaschine in
15–20 Min. gefrieren lassen. Oder das Quitten-
püree in einer Metallschüssel ins Tiefgefrierfach
stellen und in mindestens 1 Std. gefrieren lassen, dann mit dem Mixstab durchmixen.

Für die Kuchen den tiefgefrorenen Blätterteig
nebeneinanderlegen und auftauen lassen. 3 EL
Zucker und den restlichen Zitronensaft in den
zweiten Topf mit Quitten geben, mit Wasser
bedecken und die Quitten zugedeckt bei kleiner Hitze 45 Min. köcheln lassen. Dann beiseitestellen und auskühlen lassen.

Den Backofen auf 200 °C (Umluft 180 °C) vorheizen. Den Blätterteig ca. 3 mm dick ausrollen,

Zubereitungszeit:
1 Std. 40 Min.

Zutaten für 4 Personen:
1 Zitrone
4 Quitten
8 EL Zucker
200 g Blätterteig
(tiefgefroren oder
aus dem Kühlregal)
1 Lebkuchen
120 g Sahne
1 Ei
4 Minzeblätter

4 Tarteförmchen (ca. 10 cm Ø) damit auslegen und den Teig mit einer Gabel mehrmals einstechen. Die abgekühlten Quittenspalten abtropfen lassen, dabei den Saft auffangen und die Quitten in die Förmchen geben. Den Lebkuchen zerbröseln, mit der Sahne und dem Ei verrühren und die Mischung in die Förmchen mit dem Teig gießen. Im Ofen (Mitte) 12–15 Min. backen.

Den Quittensaft in einem kleinen Topf offen bei mittlerer Hitze auf ca. 4 EL sämig einreduzieren. Die Minzeblätter waschen, trocken tupfen, fein schneiden und unter die Quittensauce rühren. Die noch warmen Kuchen aus den Förmchen lösen und auf Teller setzen. Die Sauce rundherum gießen, das Sorbet mit einem Löffel abstechen und seitlich dazugeben.

Blutorangencreme

Eine Nachspeise ohne Sahne und mit vollem Blutorangen-Geschmack.

Zubereitungszeit:
55 Min.
Kühlzeit: 6 Std.

1 Blutorange heiß waschen, abtrocknen und mit der Aufschnittmaschine in ca. 2 mm dicke Scheiben schneiden. 250 ml Sirup zubereiten. Dafür 125 ml Wasser und 125 g Zucker aufkochen lassen, die Orangenscheiben einlegen und bei kleiner Hitze 30 Min. ziehen lassen.

Inzwischen den Saft der restlichen Orangen auspressen und in einen kleinen Topf geben. Den Saft aufkochen und offen 2 Min. kochen lassen. Die Eigelbe mit 50 g Zucker in einer Schüssel mit dem Schneebesen schaumig rühren. Dann nach und nach den heißen Orangensaft unterrühren.

Die Masse in einen Topf geben, bei mittlerer Hitze unter Rühren in 2–3 Min. erwärmen (nicht kochen), bis sie dicklich wird. Die Masse wieder in die Schüssel geben. Die Gelatine kurz in kaltem Wasser einweichen, dann ausdrücken und unter die noch warme Eiermasse rühren. Die Masse in den Kühlschrank stellen, dabei immer wieder umrühren.

Die Eiweiße in einer sauberen Schüssel fast steif schlagen. Wenn der Eischnee beginnt, steif zu werden, den restlichen Zucker unterschlagen. 4 Förmchen (ca. 10 cm Ø) mit den Orangenscheiben so auslegen, dass sie etwas über den Rand ragen. Den Eischnee unter die abgekühlte Masse heben. Die Creme in die Förmchen füllen und mindestens 5–6 Std. in den Kühlschrank stellen, bis die Creme fest ist. Die Creme vom Rand der Förmchen lösen und vorsichtig auf Dessertteller stürzen.

Zutaten für 4 Personen:

7–8 Blutorangen (ca. 800 g)

125 g + 80 g Zucker

5 Eigelb

4 Blatt weiße Gelatine

(25 x 6 cm)

2 Eiweiß

Wer möchte, kann die Creme noch mit ein paar Orangenfilets garnieren.

Küchenbegriffe

À la Vichyssoise:
Das klein geschnittene Gemüse in einer Sauteuse knapp mit Wasser bedecken und so lange kochen, bis keine Flüssigkeit mehr im Topf ist. Diese Garmethode hebt den Eigengeschmack des Gemüses hervor.

Butter klären
Die Butter vorsichtig in einem kleinen Topf erwärmen und, wenn nötig, abschäumen. Die Molke der Butter setzt sich dabei am Boden ab.

Confieren
Früchte oder Gemüse mit Zucker im eigenen Saft bei niedriger Temperatur garen. Geflügel im eigenen Fett einkochen.

Crème patissière
Auf Deutsch Konditorencreme: Es handelt sich um eine Grundcreme für viele Desserts.

Einreduzieren
Grundsauce oder andere Flüssigkeit von 200 ml offen auf 100 ml einkochen. Der Geschmack wird dadurch intensiver.

Farce
Das ist eine Füllung, zum Beispiel vom Fisch, mit Sahne aufmontiert. Eine Farce kann grob, aber auch sehr fein sein. Sie wird gut gekühlt verrührt oder vermixt. Mit der Küchenmaschine und dem Messereinsatz geht's besonders schnell. Die Farce war in der klassischen guten Küche sehr wichtig. Nachteil sind die vielen Kalorien.

Fisch vorbereiten (gute Anleitungen im Internet): Schuppen
Bauch-, Rücken- und Seitenflossen mit einer Schere abschneiden. Den Schwanz mit einem Tuch festhalten, die Schuppen mit der stumpfen Seite eines Messers vom Schwanz bis zum Kopf abschaben.

GRILL IMBISS

TELEFONISCHE BESTELLUNG
0664 244 0017

ALLE SPEISEN INNERHALB
VON 10 MIN. ABHOLBEREIT

MIR HAT
GETRÄUMT
ICH MUSS
ALLES
AUFESSEN

Ausnehmen	Die Bauchseite vom Schwanz bis zum Kopf mit einem scharfen Messer aufschneiden. Die Eingeweide vorsichtig herausziehen, ohne die Gallenblase zu verletzen. Den Fisch gründlich waschen.
Häuten von Plattfischen	Die Haut am Schwanzende schräg einschneiden und etwas lösen. Schwanz und Hautstück jeweils mit einem Tuch fassen, die Haut mit einem Ruck zum Kopf hin abziehen.
Filetieren von Plattfischen	Mit einem Schnitt entlang der Mittelgräte beide Filets trennen. Jedes Filet mit einem scharfen Messer von der Brustgräte nach außen mit kleinen Schnitten abtrennen.
Filetieren von Rundfischen	Den Rücken mit einem scharfen Messer vom Kopf bis zum Schwanz bis zur Mittelgräte einschneiden. Das Filet unterhalb der Kiemen durch einen Schnitt vom Rücken zur Bauchseite einschneiden und etwas hochziehen. Das Filet mit einem spitzen Messer durch kleine Schnitte vom Rücken zur Bauchseite hin von der Gräte trennen. Zum Häuten die Filets mit der Hautseite auf ein Brett legen. Die Schwanzspitze festhalten und von hier aus mit einem Messer zwischen Haut und Filet entlangfahren.
Flotte Lotte	Der Küchenhelfer ist Omas Passiergerät und gehört in jede gute Küche. Sie ist im Fachhandel erhältlich.
Jus	Das ist der reine Braten- oder Garsaft.
Karkasse	Den Begriff benützt man für das Geflügelgerüst und kleine Knochen. Er wird aber auch in Verbindung mit Fisch genannt, wenn Kopf und Gräten verwendet werden.

Legieren

Eine alte Methode, bei der eine heiße, cremige Suppe mit einem verrührten Eigelb gebunden wird. Die Suppe darf danach nicht mehr aufkochen, weil das Eigelb sonst gerinnt und kleine Eierflocken entstehen.

Nadelprobe

Einen Rouladenspieß aus Metall genau in die Mitte des Garguts stecken und dann mit der Lippe die Temperatur fühlen. Der gute Koch braucht kein Bratthermometer!

Pochieren:

In einem passenden Topf mit nicht zu viel Flüssigkeit garen – entweder den ganzen Fisch oder das reine Filet. Diese Methode eignet sich auch für zartes Rindfleisch.

Sauteuse

Sie ist in der Küche unentbehrlich, zum Beispiel zum Reduzieren à la Vichyssoise oder zum Kochen von Saucen. Der Topf ist vom Boden nach oben leicht rundlich und mit einem Durchmesser von 10–25 cm erhältlich. Man braucht kein Set, dafür aber 2–3 gute Sauteusen in unterschiedlicher Größe.

Schweinenetz

Das Bauchnetz vom Schwein besteht aus Bindegewebe und Fett. Es ist ideal zum Einpacken und anschließenden Ausbraten. Es ist ziemlich geschmacksneutral, ein natürliches Nebenprodukt und ökologischer als Alufolie! Man muss es beim Metzger unbedingt rechtzeitig vorbestellen.

Spargelqualität

So kann man sie testen:
Weiße Spargelstangen aneinanderreiben, wenn es dabei quietscht, ist der Spargel frisch. Festigkeit und Farbe sind bei grünem Spargel sehr wichtig.

Bio-Produkte

Balsamessig

Die Essigkultur war in Deutschland noch nie so ausgeprägt wie heute, und auch in Österreich gibt es sehr gute und namhafte Hersteller (wie die Familie Gölles oder Familie Gegenbauer). In Italien wird der originale (traditionale) Balsamico hergestellt. Doch Vorsicht! In Modena wird auch tankweise Industrieware produziert.

Pfeffer

Da gibt es große Unterschiede. Der schwarze Pfeffer ist dem weißen vorzuziehen. Guten Pfeffer findet man im Bio-Handel oder in speziellen Geschäften – natürlich frisch gemahlen oder gestoßen.

Rohe Produkte

Sie sehen meistens natürlicher und ursprünglicher aus, sind oft aber auch kleiner als die sonst übliche Ware.

Salz/Meersalz

Wir erleben gerade eine Hoch-Zeit der Salzkultur. Das Salz kommt aus den verschiedensten Ländern. Es soll immer feucht gelagert werden. Das beste Salz ist das Fleur de Sel, es ist aber auch teurer. Zum Kochen nehme ich gern das portugiesische Salz.

Besondere Zutaten

Blaumohn

Er wird auch bei uns angebaut, zum Beispiel in Schlesien oder in Österreich im Waldviertel. Der Schwarzmohn hingegen kommt eher aus dem Orient.

Cedri-Zitrone

Sie kommt aus Süditalien – ab Neapel kann man sie an der Amalfiküste sehen. Die Schale gibt das Hauptaroma ab und wird auch als Zitronat verarbeitet. Sie ist in der Regel 3 bis 5-mal so groß wie eine normale Zitrone und bei sehr gut sortierten Gemüsehändlern erhältlich.

Gelbe Rübe

Gab es schon vor der Karotte und ist schön gelb und nicht orange. Der Geschmack ist sehr angenehm. Sie wird wieder häufiger angebaut.

Läuterzucker

Je einen Teil Wasser und Zucker in einem Topf einmal aufkochen und abkühlen lassen – fertig ist der Zuckersirup! Er wird für Desserts verwendet.

Mandelgrieß

Das sind fein gemahlene Mandeln.

Navetten

Das sind weiße Rüben mit einer lila Kappe und einem schneeweißen Inneren.

Rape

Das ist eine wilde Brokkolisorte aus Italien.

Trevisana

Ist ein köstliches Bitter-Gemüse. Der dünnblättrige Trevisana ist der echte und der breitblättrige der handelsübliche. Echter Trevisana ist sehr teuer, weil es schwierig ist, ihn zu züchten.

Tropeazwiebeln

Das sind die ovalen roten Zwiebeln aus Süditalien – Tropea. Weniger scharf, sehr aromatisch und süßer als unsere handelsüblichen Zwiebeln.

Franz Meiller, geboren 1961 in München, absolvierte seine Ausbildung zum Diplomkaufmann an der Ludwig-Maximilians-Universität in München und ist heute Marketingleiter eines mittelständischen Familienunternehmens und Fotograf. Seine Schwerpunkte sind der dokumentarische Realismus, Reise-, Filmset- und Theaterfototografie, unter anderem für das Stadttheater Basel und die Salzburger Festspiele. Seine jüngsten Arbeiten wurden im März 2010 auf der Art Karlsruhe und in der Ausstellung »Theater und Fotografie« in München präsentiert.

Alle Abbildungen courtesy Galerie Kampl, München